Schwarze Mode der Grufties

Didaktische Bausteine

von

Doris Schmidt und Heinz Janalik

Schneider Verlag Hohengehren GmbH

Umschlaggestaltung: Wolfgang H. Ariwald, BDG, 59519 Möhnesee

Gedruckt auf umweltfreundlichem Papier (chlor- und säurefrei hergestellt).

Die Deutsche Bibliothek – CIP-Einheitsaufnahme

Schmidt, Doris:
Schwarze Mode der Grufties : didaktische Bausteine / von Doris Schmidt und Heinz Janalik. – Baltmannsweiler : Schneider-Verl. Hohengehren, 2001
ISBN 3-89676-417-9

Printed in Germany – Druck: Wilhelm Jungmann Göppingen

Inhaltsverzeichnis

1. Einleitung

Für einen modernen Mode- und Textilunterricht, der sich an der aktuellen Lebenswelt von Schülerinnen und Schülern orientiert, ist die Auseinandersetzung mit jugendkulturellen Kleidungsstilen und Moden unverzichtbar.

Schließlich darf mit hoher Sicherheit davon ausgegangen werden, dass eine große Zahl von Menschen zumindest für einen gewissen Zeitabschnitt die Impulsräume jugendkultureller Inszenierungen und dabei deren jeweilige Entwicklungsanimation in Anspruch nimmt – und dies nicht zuletzt in einem vestimentären, d.h. kleidungsbezogenen Zusammenhang.

Unter den jugendkulturellen Gruppierungen präsentieren die Grufties mit ihrer vom modischen Mainstream deutlich abweichenden und durch kontrastierenden silberfarbenen Schmuck wirkungsvoll zur Geltung gebrachten schwarzen Kleidung ein besonders auffälliges und auf den ersten, flüchtigen Blick nur schwer zu decodierendes vestimentäres Kommunikationsmuster.

An dieser Jugendkultur in Schwarz lassen sich in exemplarischer Form nicht wenige, didaktisch relevante Inhalte und Themen jugendkultureller Moden und Kleidungsstile erschließen, so beispielsweise der Zusammenhang zwischen Kleidung, Musik, Tanz und Sprache in Jugendkulturen oder das Revivaln als typische jugendkulturelle Bekleidungsstrategie.

In dem vorliegenden Buch sind zum Thema „Schwarze Mode der Grufties“ zahlreiche didaktische Bausteine für den Mode- und Textilunterricht an Haupt- und Realschulen (Sekundarstufe I) aufgeführt. Diese Bausteine beinhalten jeweils Vorbemerkungen, Lernziele, Aufgaben und Materialien und manchmal auch Variationsmöglichkeiten. Die meisten der beigefügten Materialien (z.B. Bilder, Bildkarten, Textkarten, Arbeitsanleitungen) können als Kopiervorlagen verwendet werden.

Die fachwissenschaftlichen Hintergründe zu den einzelnen didaktischen Bausteinen sind bewusst sehr kurz gehalten, da die theoretische Reflexion bereits in einem Buch mit dem Titel „Grufties – Jugendkultur in Schwarz“[1] von uns geleistet wurde.

Die einzelnen Kapitel des hier vorliegenden Buches spiegeln die Inhaltsstruktur des Themas „Schwarze Mode der Grufties“ wider und beinhalten sowohl „theoretische“ (Kap. 2–10) als auch „praktische“ (Kap. 11) didaktische Bausteine. Die in Kapitel 11 enthaltenen Arbeitsanleitungen für die Hand des Schülers bzw. der Schülerin wurden an baden-württembergischen und rheinland-pfälzischen Haupt- und Realschulen erprobt.

Dafür bedanken wir uns herzlich bei den Lehrerinnen und Klassen:

Back-Vondung, Heidrun und Klasse 9a, Humboldtschule (Hauptschule), Mannheim; *Cuntz, Ellen* und Klasse 7a, Ernst-Reuter-Schule (Hauptschule), Karlsruhe; *Didlaukies, Dorothea* und AG Textilwerkstatt, Hauptschule, Lauterecken; *Emmerich, Bianca* und Klasse 9b, Max-Planck-Realschule, Bretten; *Fischer, Carolin* und

[1] Vgl. Schmidt/Janalik 2000.

Klasse 10b, Humboldtschule (Hauptschule mit Werkrealschule), Mannheim; *Hertweck, Tanja* und Klasse 6b, Draisschule (Grund- und Hauptschule), Karlsruhe; *Lalla, Sabine* und Klasse 9a, Sonnenbergschule (Hauptschule), Aidlingen; *Neu-Zuber, Kristina* und Klasse 9c, Humboldtschule (Hauptschule), Mannheim; *Rieger-Schlenkermann, Heike* und Klasse 8ab, Karl-Keßler-Realschule, Aalen-Wasseralfingen; *Roth, Tina* und Klasse 8a, Minnebergschule (Hauptschule), Mosbach-Neckargerach; *Schmittfeller, Elisabeth* und Klassen 8a, 8b, 9a, 9b Waldschule (Grund- und Hauptschule), Montabaur-Horressen; *Towliati, Leyla* und Klasse 9b, Sonnenbergschule (Hauptschule), Aidlingen.

Desweiteren bedanken wir uns

- für die Manuskripterfassung bei:
  Holweck, Claudia
- für wertvolle didaktische Impulse und Ideen bei folgenden Studierenden von „gestern“ und „heute“ an der Pädagogischen Hochschule Heidelberg:
  Heesemann, Iris; Igney, Ines; Kisela, Inka; Sasse, Nicola; Scharm, Simone; Towliati, Leyla; Vogel, Katja
- für die Betreuung der fachpraktischen Arbeiten bei:
  Oberstudienrätin *Holzhausen, Brigitte* und dem Tutorinnenteam *Kästner, Sabrina; Preissler, Patrizia; Zorn, Marina* (alle Pädagogische Hochschule Heidelberg)
- für die zahlreichen Zeichnungen bei:
  Jürgen d. L.

2. Gruftiewelten und Gruftiestil

Charakteristisch für die Grufties ist zum einen das Leben in einer ganz spezifischen Form von partieller Parallelwelt, nämlich der Gruft- oder Höhlenwelt[2]. Zum anderen wird diese „Jugendkultur in Schwarz“ durch einen spezifischen Stil[3] gekennzeichnet, der im wesentlichen die Elemente Kleidung, Musik, Körpergebrauch (Tanz) und Sprache umfasst.

Nachstehend werden zwei didaktische Bausteine vorgeschlagen, die den Schülerinnen und Schülern einen ersten Einblick in die Welt und den schwarzen Stil der Grufties vermitteln sollen:

1. Dekoriertes Klassenzimmer
2. Film

Der erste Baustein stellt „das dekorierte Klassenzimmer“ in den Mittelpunkt, der zweite greift auf einen Film zurück.

2.1 Dekoriertes Klassenzimmer

Vorbemerkungen

Das Klassenzimmer wird von der Lehrkraft im Stil eines „Gruftiezimmers“[4] dekoriert. Die Schülerinnen und Schüler betreten das solchermaßen gestaltete Klassenzimmer. Wände, Mobiliar und Fenster sind mit schwarzer Folie und/oder schwarzem Stoff überzogen bzw. abgedunkelt. Einzige Lichtquellen sind Kerzen- bzw. Friedhofslichter.

An den Wänden hängen Bilder von mystisch-romantischen Aufenthaltsorten der Grufties (Bilder 1–8), von Grufties in ihrer typischen schwarzen Kleidung (Bilder 9–16) sowie von gruftietypischen Szenebands (Bilder 17 u. 18).

Auf den Tischen liegen gruftietypische Cartoons (Bilder 19 u. 20), von Grufties selbstgeschriebene Lyrik (Texte A–E) sowie Liedtexte gruftietypischer Szenebands (Texte F–H).

Im Hintergrund spielt leise gruftietypische Musik, z.B. von The Cure oder Sisters of Mercy[5]. Oder aber die Schülerinnen und Schüler können über Kopfhörer Kassetten oder CDs mit gruftietypischer Musik[6] anhören.

---

[2] Zu den Gruftiewelten vgl. Schmidt/Janalik 2000, S. 16ff.

[3] Zum Gruftiestil vgl. Schmidt/Janalik 2000, S. 32ff.

[4] Zur Zimmer- und Wohnungseinrichtung von Grufties vgl. Schmidt/Janalik 2000, S. 17ff.

[5] Zu Musikstilen und Szenebands der Grufties vgl. Schmidt/Janalik 2000, S. 39f.

[6] CDs mit gruftietypischer Musik sind in Musikgeschäften erhältlich, aber auch als Beilage von Szenezeitschriften, z.B. von Sonic Seducer oder von Legacy. Zu Szenezeitschriften vgl. Anhang. S. 163.

Lernziele

Die Schülerinnen und Schüler sollen

- ⇛ einen Einblick in die schwarze Welt der Grufties gewinnen
- ⇛ die Farbe Schwarz als zentrales Stilmittel der Gruftiekultur erfahren
- ⇛ die Atmosphäre eines Gruftiezimmers erleben
- ⇛ dafür sensibilisiert werden, dass Grufties mystisch-romantische Stätten mit Gruftcharakter als Aufenthaltsorte und Interaktionsräume bevorzugen
- ⇛ einen Einblick in die Elemente des Gruftiestils gewinnen
- ⇛ Kleidung als wesentliches Element des Gruftiestils erkennen
- ⇛ die Farbe Schwarz als zentrales Stilelement der Gruftiekleidung wahrnehmen
- ⇛ erkennen, dass Grufties unterschiedliche Kleiderstile bevorzugen
- ⇛ Musik als wesentliches Element des Gruftiestils erkennen
- ⇛ über Hören feststellen, dass Grufties unterschiedliche Musikstile bevorzugen
- ⇛ die düstere Atmosphäre nachempfinden, die durch die Gruftiemusik vermittelt wird
- ⇛ registrieren, dass die Szenebands mit ihrem Outfit den Gruftiestil repräsentieren
- ⇛ Tanz als gruftietypisches Stilelement kennen lernen
- ⇛ das Körpergefühl der Grufties durch Tanzbewegungen am eigenen Leib erspüren und nachempfinden
- ⇛ Sprache als wesentliches Element des Gruftiestils wahrnehmen
- ⇛ sich mit gruftietypischen Cartoons, der Lyrik sowie mit Liedtexten der Grufties auseinandersetzen
- ⇛ die Beschäftigung mit dem Tod und dem Sinn (bzw. der Sinnlosigkeit) des Lebens als ein immer wiederkehrendes Motiv in den sprachlichen Schöpfungen der Grufties identifizieren

Aufgaben

1. Schaut euch im Klassenzimmer um. Lasst die Atmosphäre auf euch wirken.
2. Betrachtet die Bilder an den Wänden.
3. Lest in den ausgelegten Texten.
4. Hört euch die CDs/Kassetten an. Genießt die eingespielte Musik.
5. Tanzt auf die Musik. Versucht mit euren Tanzbewegungen das Körpergefühl des Zimmerbewohners bzw. der Zimmerbewohnerin auszudrücken.
6. Schreibt eure Gedanken und Eindrücke zu dem Gesehenen, Gehörten und Gelesenen stichwortartig an die Tafel. Diskutiert über eure Eindrücke.

Variationsmöglichkeiten

1. Das Klassenzimmer kann zusätzlich mit gruftietypischen Kleidungsstücken und Accessoires (vor allem mit Silberschmuck) dekoriert sein. Diese können von den Schülerinnen und Schüler anprobiert und getragen werden.
2. Im Klassenzimmer kann zudem eine Frisur- und Make-up-Ecke eingerichtet sein. In dieser können sich die Schülerinnen und Schüler im Gruftiestil frisieren und schminken (vgl. Kap. 6).
3. Bei genügend Raummöglichkeiten kann zur „bunten" Differenzwahrnehmung ein weiteres Schulzimmer beispielsweise als „Technozimmer" oder aber als „Hippiezimmer" dekoriert werden.
4. Anstelle des dekorierten Klassenzimmers können die Bilder und Texte den Schülerinnen und Schüler auch gruppenweise in Form von „Fotoalben" angeboten werden. Während des Betrachtens und Lesens dieser „Fotoalben" kann leise der mystische Sound von Gruftiemusik eingespielt werden.
5. Anstelle des dekorierten Klassenzimmers können auch einige ausgewählte Bilderfolien bei untermalender, leiser Gruftiemusik als langsame Folienfolge ins Blickfeld der Schülerinnen und Schüler gebracht werden.

Materialien

1. <u>Mystisch-romantische Stätten</u> (Bilder)

Burgen/Kirchen/Ruinen

1 Klosterruine Abbey Glastonbury, Südengland (Sonic Seducer 2/1997, S. 74)
2 Kapellenturm Abbey Glastonbury, Südengland (Somic Seducer 2/1997, S. 75)
3 Burgruine Neuscharfeneck, Südpfalz. Foto von Andy Winkler (Zillo 7/8, 2000, S. 57)

Statuen/Friedhöfe

4 Friedhof. Foto von Dominik Frank (Zillo 9/2000, S. 102)
5 Friedhofsstatue. Foto von Dominik Frank (Zillo 9/2000, S. 102)
6 Grabmal, Offenbacher Friedhof (Rheinpfalz vom 18.11.2000)

Natur/Landschaften

7 Herbstwald, Südpfalz. Foto: Schmeckenbecher (Rheinpfalz vom 25.10.2000)

2. <u>Kleidung</u> (Bilder)

Wave-Stil

8 Pumphose, Katalogmodel (Xtra 2000, S. 59)
9 New Waver (Bravo o. J., zit. nach Scharm 1998, S. 30)

Romantic-Stil

10 Rüschenhemd, Katalogmodel (Xtra 2000, S. 32)
11 Kleid mit bodenlangem weitem Rock und eng dekolletiertem Oberteil, Katalogmodel (Xtra 2000, S. 78)

Gothic-Stil

12 Gruftie mit langem weitem Mantel (Stock/Mühlberg 1990, S. 104)
13 Talar, Gruftie (Stock/Mühlberg 1990, S. 64)
14 Cape mit Kapuze, Katalogmodel (Xtra 2000, S. 16)

SM-Stil

15 Hotpants und Mieder, Katalogmodel (Xtra 2000, S. 27)

3. Musik (Bilder)

16 London after Midnight, Szeneband (Gothic 24/1996, S. 52)
17 Aeternitas, Szeneband (Legacy 4/2000, Nr. 8, S. 72)

4. Sprache (Bilder und Texte)

Cartoons

18 Dead-Cartoon (Zillo 10/2000, S. 21)
19 Dead-Cartoon (Zillo 7/8, 2000, S. 138)

Gedanken und Gedichte/Lyrik

A Licht des Tages. Gedicht von Astaroth de Astrum Argentum (Zillo 9/2000, S. 127)
B Weggetrieben. Gedicht von Jonathan Gerlach (Sonic Seducer 10/2000, S. 55f.)
C Kerze des Vergessens. Gedicht von Astaroth de Astrum Argentum (Zillo 9/2000, S. 126)
D Zeitenfluss. Gedanken von Pandora (Orkus 10/2000, S. 96)
E Einsam. Gedanken von Andreas (Orkus 11/2000, S. 79)

Liedtexte

F Kain und Abel. Liedtext von der Gruppe Das Ich (CD-Beilage)
G On the other side. Liedtext von der Gruppe Silke Bischof, englisch (Höhn 1995, S. 50)
H Auf der anderen Seite. Liedtext von der Gruppe Silke Bischof, deutsch (Höhn 1995, S. 51)

2

1

4

3

5

6

7

8

9

10

11

12

13

14

15

16

17

18

Gehen wir heute Nacht zu mir oder zu dir?

19

HÖR' DOCH ...! SIE SPIELEN **UNSER** **LIED**!

A

Und das Licht des Tages/Getilgt von der Dunkelheit der nahenden Nacht/Wärme weicht der Kälte/Der Himmel öffnet seine Pforten/Und am Boden wandelt sich das Wasser langsam zu Eis .../Die Kälte setzt sich in mir fest/Das Herz, welches ich einst besaß, nur noch ein schwarzer Klumpen/Gefroren, ohne Leben/Eine unsichtbare Macht treibt mich voran/Suchend nach der Hölle/Warum sind die Tore mir verschlossen/Ich schreie nach Erlösung, nach innerem Frieden/Wissend, dass nur der Tod mich erlösen kann/mir die Tore öffnet/Zu meinem Himmel/Ob ich den Schritt gehen werde/Früher oder später wird es so sein ...

B

Weggetrieben von der Verankerungen des Lebens/Vom Tod, der die Zeit ist/Der Weg nass, bekannt/Fallende Blätter, voller Trauer/Dein Gesicht, dornenumrankt im schwarzen Marmor/Der Grabstein, träumend an diesem Platz/Schönheit des Verfalls gekrönt/Tanz, weißer Schmetterling, bevor die Sense dich verfault/Du spürst die Klinge kaum/lieblich springt der Lebenswein/Wie eine dunkle Braut/Tränen füllen die Tiefe der Einsamkeit/Eine blutige Klinge ziert das Grab/ Schmetterling auf tränennassem Marmor/Traumflüchter ist einsam./Wo ist die Tiefe, in die meine Seele sinken kann.//Jonathan Gerlach, Geisberg 5, 36391 Weichersbach

C

Kerze des Vergessens/brennt für mich/lässt mich verschließen meine Augen vor den Lügen dieser Welt/Kerze des Wahnes/lässt mich versinken in Visionen/welche mich vor Angst fast töten/Kerze der Träume/lässt mich schwelgen in der Vergangenheit,/über welche ich sage: ich war zu gutgläubig, nie wieder zurück!/Kerze der Liebe ... erlischt das Feuer? Werde ich erfrieren? Oder wird mich das Feuer verzehren? Astaroth de Astrum Argentum

D

Zeitenfluss
Ich spüre wie
Die Zeit
Langsam
Mich verlässt.
Erst Minuten, dann Stunden
Bald werden es Tage sein
Nichts kann ich tun
Ich bin wehrlos dieser Macht
Ergeben
Sie bestimmt
Ich muss
Gehorchen
Nur ein Weg bleibt mir noch
Mein Herz kennt ihn allein
Es wird mich führen
Zu einem Ort
Wo kein Leid mehr ist,
dort hat meine Seele RuhM.
Pandora

E

Einsam

Du warst immer für mich da.
ber ich fühlte mich einsam.

Du nahmst mich in Deine Arme.
Aber ich fühlte mich einsam.

Du sagtest „Ich liebe Dich“.
Aber ich fühlte mich einsam.

Wir haben zusammen geweint.
Aber ich fühlte mich einsam.

Wir haben uns geliebt.
Aber ich fühlte mich einsam.

Du hast mich verlassen.
Jetzt bin ich einsam.
Andreas

F

Kain und Abel
Kain – Im Durst der Wut
Kain – In Vaters Hand
Kain – Zu blind zum Steh'n
Kain – Aus schwarzem Blut
Die Todgeweihten grüßen dich!
Nimm Dein Schwert!
Und tanze, tanze, tanze, tanze!
Tanz den Tanz zum Tod!
Kain – Und Wahn zum Wahn
Kain – Du süsses Blut
Kain – Das Gift im Wort
Kain – Wie Stahl im Wind
Kain und Abel
Abel – Kain, tanze, tanze, tanze, tanze ...

G

Silke Bischoff: On the other side

Do you remember slow-motion times
with the little golden stars
I see you tumble in the streets
I hold your hand in the cinema
A piece of heaven in a rotten world,
you disappeared in a roaring night
I could die
I cry
On the other side, I'll see you again,
on the other side
we walk hand in hand
I saw you again with tears in your eyes
My heart beats hard, time doesn't move in a picture.
But I can't live in the past
Life is easy, if you don't care about the future.
And it's easy to smile,
if you don't care about the truth
I still love you
But I've changed myself.
On the other side, I'll see you again
on the other side, we walk hand in hand

H

Silke Bischoff: Auf der anderen Seite

Erinnerst du dich an die Zeitlupen-Zeit
Mit den kleinen goldenen Sternen
Ich sehe dich taumeln in den Straßen
Ich halte deine Hand im Kino
Ein Stück Himmel in einer morschen Welt
Du verschwandest in einer tobenden Nacht
Ich könnte sterben
Ich schreie
Auf der anderen Seite werde ich dich wiedersehen
Auf der anderen Seite werden wir Hand in Hand gehen
Ich sah dich wieder
mit Tränen in deinen Augen
Mein Herz schlägt schwer,
Zeit bewegt sich nicht in einem Bild.
Aber ich kann nicht in der Vergangenheit leben
Leben ist leicht, wenn du nicht um die Zukunft Sorge trägst.
Und es ist leicht zu lächeln, wenn du dich nicht um die Wahrheit sorgst.
Und ich liebe dich noch, aber ich habe mich geändert. Auf der anderen Seite, werde ich dich wiedersehen.
Auf der anderen Seite werden wir Hand in Hand gehen.

(Silke Bischoff ist die junge Frau, die als Geisel bei einer der spektakulärsten Geiselnahmen der vergangenen Jahre ums Leben kam. Nach ihr hat sich die Band den Namen gegeben.)
J.S., 16 Jahre

2.2 Film

Vorbemerkungen

Eine erste Begegnung mit der Jugendkultur der Grufties kann den Schülerinnen und Schülern durch den Einsatz eines entsprechenden Filmes, z. B. des Films „Auf Teufel komm raus“[7] ermöglicht werden.

Um bei den Jugendlichen möglichst viele Sinne zu aktivieren und nicht nur konvergentes, sondern auch divergentes Denken zu fördern, empfiehlt es sich, die Filmanalyse – entgegen der üblichen Vorgehensweise, verbal oder schriftlich Stellung zu nehmen – in Form einer Zeichnung vornehmen zu lassen (Abb. 1–4).

Lernziele

Die Schülerinnen und Schüler sollen

⇛ sich mit Hilfe visueller und akustischer Wahrnehmung eines Films in die Welt der Grufties hineinversetzen

⇛ bevorzugte Aufenthaltsorte von Grufties identifizieren

⇛ einen Einblick in den schwarzen Kleiderstil der Grufties gewinnen und kognitiv verarbeiten

⇛ sich mit gruftietypischer Musik auseinandersetzen

⇛ den spezifischen Umgang der Grufties mit ihrem Körper identifizieren

⇛ ihre individuelle Wahrnehmung und kognitive Verarbeitung der gruftietypischen Lebenswelt in der Gruppe austauschen und zeichnerisch darstellen

Aufgaben

1. Versucht euch in die im Film gezeigte Lebenswelt der Grufties hineinzuversetzen.
2. Macht euch Notizen zu folgenden Gesichtspunkten, die die Gruftiewelt betreffen:
   a) Aufenthaltsorte
   b) Gedanken, Ansichten, Lebenseinstellung
   c) Kleidung und Accessoires
   d) Musik und Band
   e) Umgang mit dem eigenen Körper
3. Stellt eure Eindrücke, die ihr beim Betrachten des Films gewonnen habt, auf einem Plakat zeichnerisch dar.

[7] Siehe Anhang.

Variationsmöglichkeiten

1. Unter gleicher Aufgabenstellung können die Schülerinnen und Schüler auch eine Collage anfertigen (z. B. mit schwarzem Samt, Tüll, Watte, Abbildungen von Schmuck- und Kleidungsstücken, Friedhöfen ...)
2. Der Film kann auch in Einzelarbeit mit Hilfe eines Mind-mapping ausgewertet werden.

Materialien

- weiße Plakate
- Stifte, z. B. edding 3000 permanent marker

Abb. 1–4 Beispiele einer zeichnerischen Analyse des Films „Auf Teufel komm raus“

3. Revivaln historischer Kleidungsstile als gruftietypische Bekleidungsstrategie

Eine grundlegende und in besonderem Maße typische Bekleidungsstrategie der Grufties ist das Revivaln historischer Kleidungsstile. Zu dieser Thematik werden nachstehend zwei didaktische Bausteine vorgestellt:

1. Revivaln von Kleidungsstücken
2. Revivaln von Accessoires

Der erste Baustein bezieht sich auf das Revivaln von Kleidungsstücken, der zweite auf das Revivaln von Accessoires. Diese didaktischen Bausteine können auch alternativ eingesetzt werden. Denkbar wäre auch eine Kombination beider Bausteine. In diesem Falle wäre eine Abänderung der Buchstaben und Zahlen auf den Bildkarten erforderlich.

An die Bausteine könnte sich übrigens durchaus die vertiefende Auseinandersetzung mit einer Modeepoche, auf die die Grufties bei ihrem Revivaln zurückgreifen (z.B. Burgundische Mode, Rokokomode), anschließen.

Da sich die Lernziele beider Bausteine nur unwesentlich voneinander unterscheiden, werden jene bereits an dieser Stelle und für beide Bausteine gemeinsam angeführt.

Lernziele

Die Schülerinnen und Schüler sollen

⇛ das Revivaln als typische Bekleidungsstrategie der Grufties kennen lernen

⇛ erkennen, daß Grufties Kleidungsstücke und Accessoires vergangener Epochen revivaln

⇛ die Fähigkeit des detaillierten Wahrnehmens von Kleidungselementen verbessern

⇛ ein „Mehr“ an vestimentärer Decodierungsfähigkeit entwickeln

⇛ einen Einblick in gruftietypische Kleidungsstücke und Accessoires gewinnen

3.1 Revivaln von Kleidungsstücken – Zuordnen von Bildkarten

Vorbemerkungen

Zur Erarbeitung der gruftietypischen vestimentären Strategie des Revivalns von historischen Kleidungsstücken[8] bietet sich als „Methode“ das Zuordnen von Bildkarten an. Die eine Bildkartengruppe (Bildkarten A–M) zeigt Kleidungsstücke aus vergangenen Epochen, die andere Bildkartengruppe (Bildkarten 1–17) präsentiert die zugehörigen, von den Grufties revivalten Kleidungsstücke.

---

[8] Zum Revivaln von Kleidungsstücken aus vergangenen Epochen durch die Grufties vgl. Schmidt/ Janalik 2000, S. 55ff.

Das Zuordnen der Bildkarten kann entweder in Einzelarbeit, Partnerarbeit oder Gruppenarbeit erfolgen. Die Bildkarten eignen sich nicht nur für eine Erarbeitungsphase, sondern auch zur Vertiefung, beispielsweise in Form eines Memoryspiels.

Aufgaben

Welche Bildkarte gehört zu welcher Bildkarte?

1. Ordnet jeweils eine Bildkarte aus der Reihe historischer Kleidungsstücke (Bildkarten A–M) einer Bildkarte mit Kleidungsstücken der Grufties (Bildkarten 1–12) zu.
2. Diskutiert, welche Einsichten ihr aus dem Zuordnen der Bildkarten über die Kleidung und das Kleidungsverhalten der Grufties gewonnen habt.

Materialien (Bildkarten)

Kapuzenumhang

A Kapuzinermönch mit Kutte, Mittelalter (Bruhn/Tilke o. J., S. 28)
4 Kapuzencape, Katalogmodel (Xtra 2000, S. 14)

Talar

B Anwalt mit Schaube, 15./16. Jh. (Racinet 1995, S. 183)
8 Gruftie im Talar (Stock/Mühlberg 1990, S. 60)

Hemd mit Fledermausärmeln

C Protestantischer Geistlicher im Obergewand mit Fledermausärmeln, 17. Jh. (Racinet 1995, S. 199)
11 Hemd mit Fledermausärmeln, Katalogmodel (Xtra 2000, S. 72)

Pumphose

D Heerpauke, 16. Jh. (Wolter 1991, S. 65)
2 Pumphose, Katalogmodel (Xtra 2000, S. 59)

Männerrock mit Rüschenhemd

E August der Starke in Justeaucorps und Rüschenhemd, um 1720 (Thiel, 1980, S. 233)
9 Männerrock mit Rüschenhemd, Bandmitglied von Weltenbrand (Orkus 10/2000, S. 15)

Uniformrock

F Herrenrock, Spätrokoko (Racinet 1995, S. 233)
1 Uniformrock, Schwarzer aus Heidelberg (Scharm 1998, S. 27)

Kleid mit Flügelärmeln

G Obergewand mit weiten Flügelärmeln, 11. Jh. (Krause/Lenning 1995, S. 60, Ausschnitt)

5 Kleid mit Flügelärmeln, Katalogmodel (Xtra News Frühling-Sommer 2000, S. 7)

Kleid mit Hängeärmeln

H Gesellschaftskleid mit Hängeärmeln, 14. Jh. (Thiel 1980, S. 134)

10 Kleid mit Hängeärmeln, Katalogmodel (Teufelsküche o. J., S. 10)

Mantelkleid

I Madame de Pompadour mit Manteau (Oberteil mit vorne geöffnetem Rock) über Jupe (zweiter Rock), 1759 (Thiel 1980, S. 247)

6 Mantelkleid, Katalogmodel (Xtra 2000, S. 41)

Hemdkleid

K Chemisekleid, 1807 (Journal des Luxus und der Moden 1979, Abb. 55)

12 Hemdkleid, Katalogmodel (Xtra 2000, S. 76)

Reifrockkleid

L Hofdame mit Reifrockkleid aus der Zeit Ludwig XVI, 1776 (Thiel 1980, S. 269)

7 Reifrockkleid, Katalogmodel (Teufelsküche o.J., S. 99)

Schleppenkleid

M Langes Schleppenkleid, hochgegürtet, Ende 15. Jh. (Krause/Lenning 1995, S. 75, Ausschnitt)

3 Kleid mit Schleppe und hoher Gürtung, Katalogmodel (Xtra 2000, S. 48)

A

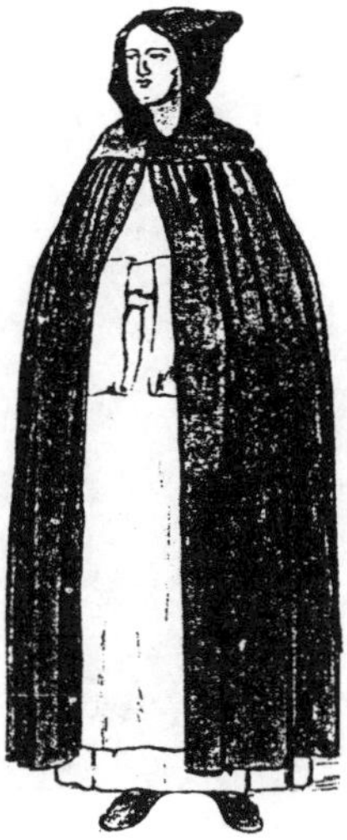

Mönchskutte
(Mittelalter)

4

B

Langes Obergewand Schaube
(Reformationszeit 15./16. Jh.)

8

C

Obergewandt mit Fledermausärmeln
(Barock, 17./18. Jh.)

11

D

Spanische Hose, Heerpauke
(Spanische Mode, 16. Jh.)

2

E

Männerrock mit Rüschenhemd
(Barock, 17./18. Jh.)

9

F

Männerrock im Uniformstil
(Rokoko, 18. Jh.)

1

G

Kleid mit Flügelärmeln
(Mittelalter: 11. Jh.)

5

H

Kleid mit Hängeärmeln
(Mittelalter: 14. Jh.)

10

I

Mantelkleid
(Rokoko, 18. Jh.)

6

K

Hemdkleid
(Empire, 18./19. Jh.)

12

L

Reifrockkleid
(Rokoko, 18. Jh.)

7

M

Schleppenkleid
(Burgundische Mode, 15. Jh.)

3

3.2 Revivaln von Accessoires – Zuordnen von Bildkarten

Vorbemerkungen

Zur Erarbeitung der gruftietypischen vestimentären Strategie des Revivalns von Accessoires aus historischen Epochen bietet sich als „Methode" das Zuordnen von Bildkarten an. Die eine Bildkartengruppe (Bildkarten A–R) zeigt Accessoires aus vergangenen Epochen, die andere Bildkartengruppe (Bildkarten 1–17) präsentiert die zugehörigen, von den Grufties revivalten Accessoires.

Das Zuordnen der Bildkarten kann entweder in Einzel-, Partner- oder Gruppenarbeit erfolgen.

Die Bildkarten können nicht nur für eine Erarbeitungsphase, sondern auch zur Vertiefung, beispielsweise in Form eines Memoryspiels eingesetzt werden.

Materialien

Kapuze

A Kapuzinermönch mit spitzer Kapuze am Habit, Mittelalter (Bruhn/Tilke o. J., S. 28)

7 Kapuze, Katalogmodel (Xtra X News 2000, S. 11)

Kapuzenkragen mit langem Schwanz

B Stutzer mit geschwänzter Gugel, Frankreich 14. Jh. (Bruhn/Tilke o. J., S. 44)

13 9. Wave-Gotik-Treffen, Leipzig 2000, Besucherin mit federngeschmückter geschwänzter Gugel (Zillo 9/2000, S. 65)

Haarreif mit Kinnband

C Schapel (kronenartige Mütze bzw. Haarreif) mit Gebende (Backen- und Kinnbinde), Miniatur aus der Manesse-Handschrift, Heidelberg um 1325 (Thiel 1980, S. 111, Ausschnitt)

2 9. Wave-Gotik-Treffen, Leipzig 2000, Besucherin mit kronenartiger Kopfbedeckung und Kinnband (Legacy 8/2000, S. 114)

Schleier

D Italienische Dame um 1590 mit Schleier, Spanische Mode in Italien (Peacock 1996, S. 95, Ausschnitt)

1 Bandmitglied von den Untoten mit Schleier (Orkus 10/2000, S. 20)

Hennin

E Jean de Flandre, Ehefrau von Jean de Montfort, Herzog der Bretagne mit Hennin, 15. Jh. (Racinet 1995, S. 141)

14 Vertreterin der Schwarzen Szene mit Hennin (Scharm 1998, S. 28)

Doppelhennin

F Französische Hofdame mit Doppelhennin, spätes Mittelalter (Bruhn/Tilke o. J., S. 50, Ausschnitt)

8 Celine von Sanguis et Cinis mit Doppelhennin (Zillo 7/8, 1997, S. 95)

Barett

G Kaufmann Georg Gisze mit Barett, 1532 (Thiel 1980, S. 167, Ausschnitt)

9 Sängerin von Ataraxia mit Barett (Orkus 47/1997, S. 66, zit. nach Scharm 1998, S. 28)

Zweispitz

H Ritter eines Ordens mit Zweispitz à la Wellington, 18. Jh. (Racinet 1995, S. 227)

3 Wave-Gotik-Treffen, Leipzig 2000 (http://home.snafu.de/snapshot/portraits.htm vom 08.03.00)

Brille

I Englische Dame mit Halbmaske, 17. Jh. (Thiel 1980, S. 219, Ausschnitt)

15 Bandmitglied von Sanguis et Cinis mit dunkler Brille (Orkus 10/2000, S. 51, Ausschnitt)

Halsband

K Dame mit Halsband, um 1750, Schweizerisches Landesmuseum Zürich (Koch-Mertens 2000, S. 321, Ausschnitt)

16 Halsband, Katalogmodel (Teufelsküche o. J., S. 99, Ausschnitt)

Federfächer

L Englische Dame mit Federfächer, um 1646 (Peacock 1996, S. 112, Ausschnitt)

10 Federfächer, Katalogmodel (Teufelsküche o. J., S. 9, Ausschnitt)

Faltfächer

M Dame mit Faltfächer, Spätrokoko (Racinett 1995, S. 221)

4 Model mit Faltfächer aus schwarzer Spitze (Quelle unbekannt)

Sonnenschirm

N Französin mit Sonnenschirm, 1688 (Loschek 1993, S. 217, Ausschnitt)

5. 9. Wave-Gotik-Treffen Leipzig, 2000, Besucherin mit schwarzem Sonnenschirm (Zillo 7/8, 2000, S. 85)

Handschuhe

O Dame mit langen, über den Ellenbogen reichenden Handschuhen, 1805 (Journal des Luxus und der Moden 1979, Abb. 55, Ausschnitt)

11 Lange, über den Ellenbogen reichende „Handschuhe“ (Handstulpen), Katalogmodel (Xtra 2000, S. 80, Ausschnitt)

Spitzer Schuh

P Schnabelschuh, um 1460 (Bruhn/Tilke o. J., S. 47)

6 Spitzer Halbschuh (Xtra 2000, S. 166)

Schnallenschuh

Q Rokokodamenschuh mit Schnallenverzierung (Fehlig 1988, S. 105)

12 Schnallenballarina (EXTRA 1997, zit. nach Scharm 1998, S. 35)

Schuh mit französischem Absatz

R Schuh mit französischem Absatz, Frankreich, 18. Jh. (O'Keeffe 1997, S. 14)

17 „Barock“-Pump mit französischem Absatz (Xtra 2000, S. 169)

A

Mönchskapuze
(Mittelalter)

7

B

Kapuzenkragen mit langem Schwanz
(Mittelalter: 14. Jh.)

13

C

Haarreif mit Kinnband
(Mittelalter: 14. Jh.)

2

D

Schleier
(Spanische Mode, 16. Jh.)

1

E

Kopfbedeckung Hennin
(Burgundische Mode, 15. Jh.)

14

F

Kopfbedeckung Doppelhennin
(Burgundische Mode, 15. Jh.)

8

G  Kopfbedeckung Barett (Renaissance, 16. Jh.)	**9** 
H  Kopfbedeckung Zweispitz (Rokoko, 18. Jh.)	**3** 
I  Halbmaske (Barock, 17. Jh.)	**15** 

K  Halsband (Rokoko, 18. Jh.)	**16** 
L  Federfächer (Barock, 17./18. Jh.)	**10** 
M  Halbmaske (Barock, 17. Jh.)	**4** 

N

Sonnenschirm
(Barock, 17./18. Jh.)

5

O

Handschuhe
(Empire, 18./19. Jh.)

11

P

Schnabelschuh
(Burgundische Mode, 15. Jh.)

6

Q

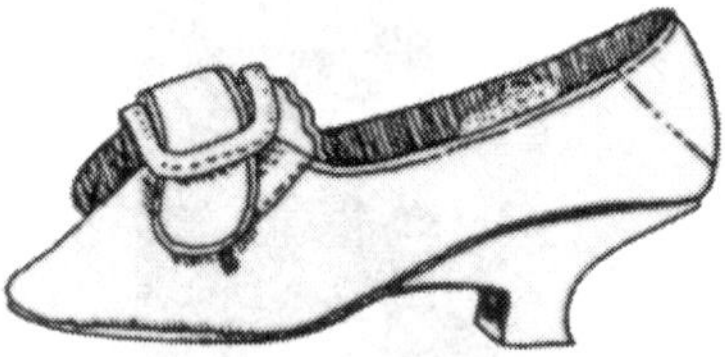

Schuh mit Schnallenverzierung
(Rokoko, 18. Jh.)

12

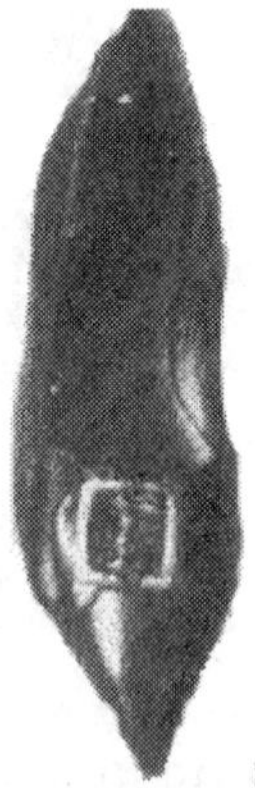

R

Schuh mit französischem Absatz
(Rokoko, 18. Jh.)

17

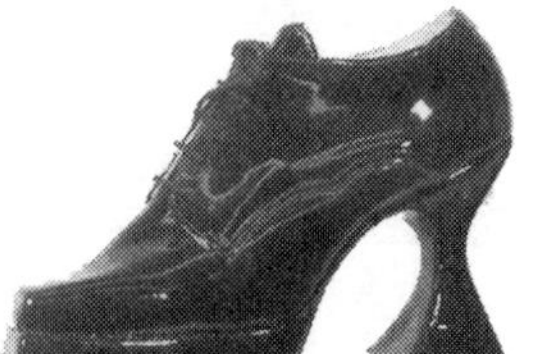

4. Die Farbe Schwarz in der Gruftieszene

Mit der Farbe Schwarz werden im Alltagsverständnis unserer Gesellschaft und unseres Kulturkreises überwiegend negative, mit der Farbe Weiß meist positive Gefühle, Vorstellungen und Eigenschaften verbunden.[9] Abweichend vom Mainstream assoziieren dagegen Grufties mit der für die Szene typischen Farbe Schwarz überwiegend Positives.[10]

In ihrer historischen Karriere hatte die Kleiderfarbe Schwarz vielfältige Bedeutungen[11]: sie war Farbe der Trauer, der Armut, des niederen Standes, der Mönche, der Geistlichen, Juristen und Gelehrten, der Mode sowie der Oppositionellen und Außenseiter.

Zur schwarzen Szenenfarbe der Grufties werden nachstehend drei didaktische Bausteine zur Realisierung vorgeschlagen:

1. Assoziationen zur Farbe Schwarz
2. Schwarz und Weiß im Alltagsverständnis
3. Kleiderfarbe Schwarz

Im Zentrum des ersten Bausteins stehen die mit der Farbe Schwarz verbundenen gängigen Assoziationen. Beim zweiten Baustein geht es um die Bedeutung von Schwarz und Weiß im Alltagsverständnis. Der dritte Baustein thematisiert die vielfältige Bedeutung der Kleiderfarbe Schwarz im Verlauf ihrer historischen Karriere.

4.1 Assoziationen zur Farbe Schwarz – Word-Rap

Vorbemerkungen

Mit Hilfe eines Word-Rap werden in einem ersten Erarbeitungsschritt zunächst die subjektiven Assoziationen der Schülerinnen und Schüler und damit letztlich die in unserer Gesellschaft kursierenden Vorstellungen über die Farbe Schwarz ermittelt (Plakat 1).

Diese werden daran anschließend in einem zweiten Schritt mit Assoziationen von Grufties zur Farbe Schwarz verglichen (Plakat 2).

Für die Durchführung und Auswertung des Word-Rap eignet sich das Klassengespräch.

Lernziele

Die Schülerinnen und Schüler sollen

⇛ ihre persönlichen Assoziationen zur Farbe Schwarz bewusst „abrufen“

---

[9] Zur Bedeutung von Schwarz und Weiß im Alltagsverständnis vgl. Schmidt/Janalik 2000, S. 67f.

[10] Zur Bedeutung der Szenenfarbe Schwarz bei den Grufties vgl. Schmidt/Janalik 2000, S. 68f.

[11] Zur vielfältigen Bedeutung der Kleiderfarbe Schwarz in der historischen Vergangenheit vgl. Schmidt/Janalik 2000, S. 69ff.

⇛ erkennen, dass die Farbe Schwarz in der Alltagsperspektive überwiegend mit negativen Gefühlen, Vorstellungen und Eigenschaften verbunden wird

⇛ reflektierend ein Verständnis dafür entwickeln, warum Grufties – in Abweichung vom Mainstream – mit der Farbe Schwarz überwiegend Positives assoziieren

Aufgaben

1. Ergänzt: Schwarz bedeutet für mich ...
2. Welche Vorstellungen verbinden Grufties (im allgemeinen) mit der Farbe Schwarz?

Materialien

Plakat 1: Beispiel für Assoziationen von Schülerinnen und Schülern zur Farbe Schwarz

Schwarz bedeutet für mich:	
Trauer	Magie
Unglück	Tod
Dunkelheit	Leere
...	

Plakat 2: Assoziationen von Grufties zur Farbe Schwarz

Schwarz bedeutet für mich:	
Leben	Ruhe
Lieblingsfarbe	Geborgenheit
Unglück	Kleider
Schönheit	Musik
gefällt mir	romantisch

4.2 Schwarz und Weiß im Alltagsverständnis – Interaktives Würfelspiel

Vorbemerkungen

Um den Jugendlichen die gegensätzlichen Vorstellungen, die mit den Farben Schwarz und Weiß in unserem Kulturkreis verbunden werden und in den unterschiedlichsten Bereichen anzutreffen sind, bewusst zu machen, kann ein interaktives Würfelspiel eingesetzt werden (Mat. 1.–3.). Dabei werden die Schülerinnen und Schüler im Bereich Redensarten, Sprichwörter und Wortverbindungen pantomimisch, im Bereich Berufskleidung zeichnerisch und im Bereich Tiere verbal gefordert.

Lernziele

Die Schülerinnen und Schüler sollen

⇛ Redensarten, Sprichwörter und Wortverbindungen zu den Farben Schwarz und Weiß kennen lernen und u. U. pantomimisch darstellen

⇛ erkennen, dass in Redensarten, Sprichwörtern und Wortverbindungen die Farbe Schwarz meist negativ und die Farbe Weiß meist positiv besetzt ist

⇛ Berufe, in denen schwarze und weiße Arbeitskleidung getragen wird, kennen lernen und zeichnerisch darstellen

⇛ sich bewusst machen, dass schwarze Berufskleidung im Regelfall Tod und Macht und weiße Berufskleidung Sauberkeit symbolisiert

⇛ schwarze und weiße Tiere kennen lernen und verbal beschreiben

⇛ die Erkenntnis gewinnen, dass schwarze Tiere angeblich Unglück bringen und weiße Tiere oftmals mit dem Göttlichen in Verbindung gebracht werden

⇛ sich die Polarität von Schwarz und Weiß bewusst machen

⇛ auf der Basis ihrer Erkenntnisse über die Farben Schwarz und Weiß die Kleider- und die Gesichtsfarbe der Grufties reflektieren

Aufgaben (nach dem Würfelspiel)

1. Was symbolisiert in Redensarten, Sprichwörtern und Wortverbindungen die Farbe Schwarz, was die Farbe Weiß?
2. Welche Vorstellungen werden oft mit schwarzer, welche mit weißer Arbeitskleidung verbunden?
3. Was symbolisieren schwarze, was weiße Tiere?
4. Was meint ihr, wollen die Grufties mit ihrer schwarzen Kleidung ausdrücken?

Materialien

1. Spielregeln

Es werden zwei Teams gebildet, die gegeneinander spielen. Das Team mit der höchsten Würfelzahl fängt an und rückt der Würfelzahl entsprechend in den Feldern vor. Die Gruppe, die als erste bei der Spinne angelangt ist, hat gewonnen.

Die Felder mit dem Totenkopf, der Fledermaus und dem Spinnennetz sind die Aktionsfelder. Auf diesen Feldern muss ein Mitglied einer Gruppe seinem Team den Begriff oder die Redewendung auf der Aktionskarte erklären. Der/die Erklärende muss sich dabei zur gegnerischen Mannschaft setzen, damit diese den Begriff überprüfen kann.

Fledermaus

Beschreibe das Tier auf der Aktionskarte. Dabei darfst du das Tier nicht nachahmen oder das Wort in deine Erklärung aufnehmen.

Totenkopf

Stelle zeichnerisch den Beruf auf der Aktionskarte dar.

Spinnennetz

Stelle die Redensarten auf der Aktionskarte pantomimisch dar.

Für jede Karte hat die Gruppe 30 Sekunden!!!

Bei Erraten darf die Gruppe ein Feld vorrücken.

2. Spielfeld

siehe nächste Seite

3. Spielkarten/Aktionskarten

siehe übernächste Seite

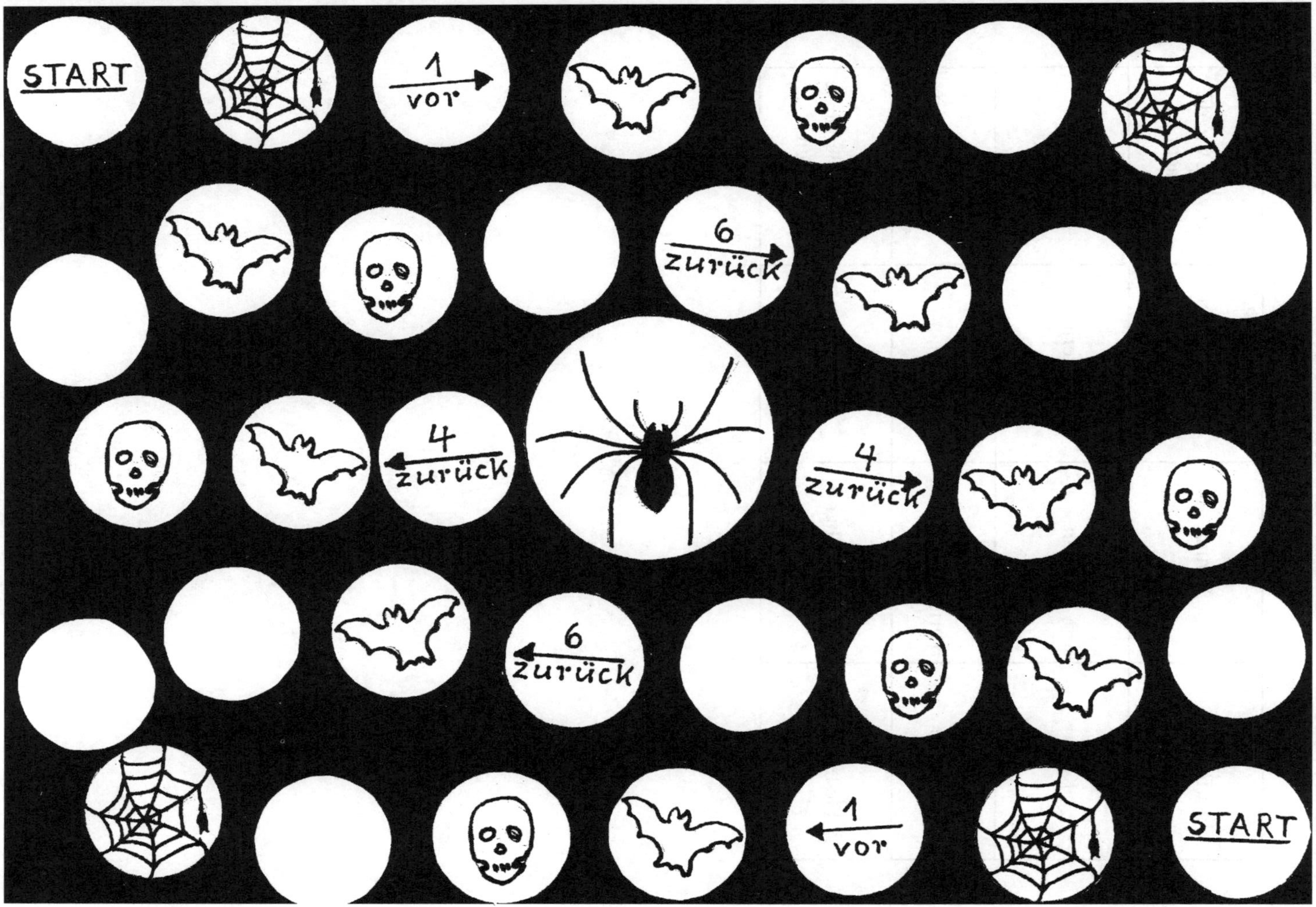
START
1 vor
6 zurück
4 zurück
4 zurück
6 zurück
1 vor
START

Rabe	Lamm	Schiedsrichter	Schwarz wie die Nacht
Katze	Schwan	Richterin	Sich schwarz ärgern
Spinne	(Friedens-)Taube	Koch	Schwarz sehen
Fledermaus	Totengräber	Ärztin	Eine weiße Weste haben

4.3 Die Kleiderfarbe Schwarz – Gruppenpuzzle

Vorbemerkungen

Zur historischen Karriere der Kleiderfarbe Schwarz kann ein Gruppenpuzzle[12] (Jigsaw-Technik) durchgeführt werden. Die vielfältige Bedeutung der Kleiderfarbe Schwarz in der historischen Vergangenheit kann beispielsweise in fünf Teilgebiete (sozusagen in „Puzzleteile") gegliedert werden:

1. Farbe der Armut
   Farbe des niederen Standes
2. Farbe der Mönche
   Farbe der Geistlichen, Juristen, Gelehrten
3. Farbe der Mode
4. Farbe der Trauer
5. Farbe der Oppositionellen und Außenseiter

Die einzelnen Puzzleteile werden zunächst in Expertengruppen bearbeitet (Aufgaben 1–4; Mat.)

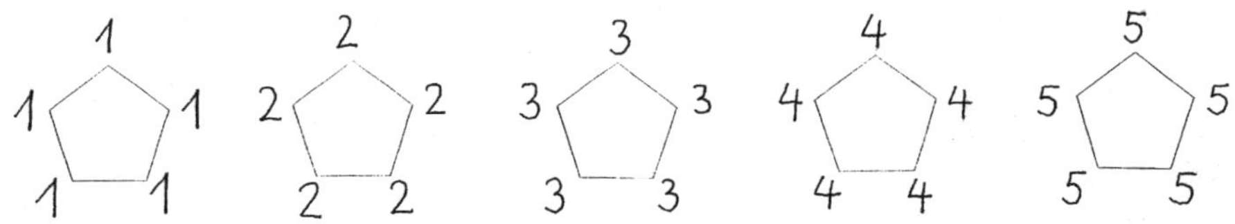

Danach unterrichten sich die Experten in neu zusammengesetzten Puzzlegruppen gegenseitig (Aufgaben 5 und 6):

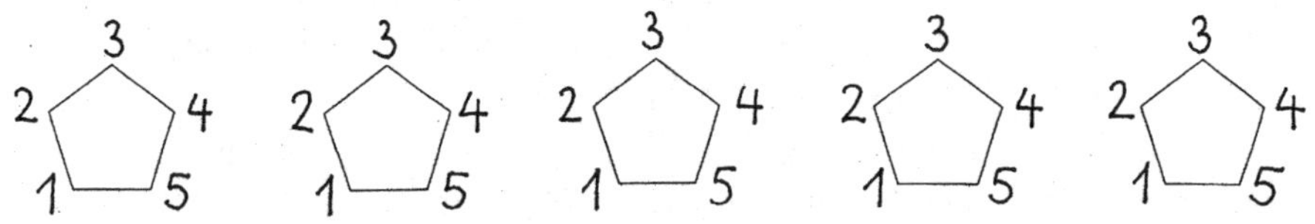

In jeder Puzzlegruppe soll mindestens ein Vertreter aus jeder Expertengruppe sein.

[12] Zum Gruppenpuzzle vgl. z. B. Frey/Frey-Giling 1998.

Lernziele

Die Schülerinnen und Schüler sollen

⇛ den hohen Stellenwert von Farben in der vestimentären Kommunikation erkennen

⇛ sich dessen bewusst werden, dass Kleiderfarben im Laufe unterschiedlicher historischer und kultureller Epochen unterschiedliche symbolische und existenzielle Bedeutungen hatten und haben und dass diese Bedeutung vom jeweiligen Kontext abhängig ist

⇛ einen Einblick in die unterschiedlichen symbolischen und existentiellen Bedeutungs- und Sinnzuweisungen der Kleiderfarbe Schwarz in unserem Kulturkreis gewinnen

⇛ das Kleiderschwarz als Farbe der Trauer, als Farbe der Armut, als Farbe des niederen Standes, als Farbe der Mönche, als Farbe der Geistlichen, Juristen und Gelehrten, als Farbe der Mode sowie als Farbe der Oppositionellen und Außenseiter kennen lernen

⇛ erkennen, dass sich die Grufties schon mit ihrer schwarzen Kleidung von der bürgerlichen Gesellschaft abgrenzen

⇛ die Bedeutung der Kleiderfarbe Schwarz für die Identität der Jugendkultur der Grufties erkennen und anerkennen

Aufgaben

Führt zur Kleiderfarbe Schwarz ein Gruppenpuzzle durch.

Expertengruppen

1. Bildet zunächst Expertengruppen.
2. Setzt euch an die vorbereiteten Expertentische und bearbeitet vorerst in Einzelarbeit euren „Puzzleteil“ (Teilbereich) mit Hilfe der ausgelegten Materialien.
3. Tauscht danach eure Ergebnisse in der jeweiligen Expertengruppe aus. Helft euch wenn nötig bei auftretenden Schwierigkeiten.
4. Bereitet euren „Puzzleteil“ in der Expertengruppe so vor, dass ihr später eure Mitschülerinnen und Mitschüler aus den anderen Gruppen unterrichten könnt. Überlegt euch eine geeignete Vermittlungsmethode – z. B. Vermittlung über ein gestaltetes Plakat.

Puzzlegruppen

5. Setzt euch nun in Puzzlegruppen zusammen.
6. Unterrichtet euch in den Puzzlegruppen gegenseitig über euren Puzzleteil.

Materialien

Informationsmaterialien (Texte und Bilder) für die in Expertengruppen zu bearbeitenden Puzzleteile können aus der einschlägigen Literatur[13] zusammengestellt werden.

[13] Zu Texten zur Kleiderfarbe Schwarz – diese müssen für Schülerinnen und Schüler allerdings modifiziert werden – vgl. Schmidt/Janalik 2000, S. 70–75. Dort finden sich auch weitere Literaturhinweise.
Zu Bildern zur Kleiderfarbe Schwarz vgl. beispielsweise die Abbildungen in diesem Buch, Kap. 2.1 und 3.1.
Zahlreich bebildert ist auch die neu erschienene Veröffentlichung „Das kleine Schwarze" (Puzzleteil: Schwarz als Farbe der Mode), vgl. Holman Edelmann 2000.

5. Material- und Farbwirkungen im Gruftieoutfit

Für ihr Outfit wählen Grufties recht ausgefallene, vom Mainstream deutlich abweichende glänzend und edel wirkende Materialien wie Samt, Seide, Spitze, Lack und Leder.[14]

Innerhalb dieser gruftietypischen schwarzen Kleiderstoffe ergeben sich nicht nur interessante Gegensätze im Materialbereich (z. B. transparent – nicht transparent), sondern kommen auch extreme, spannungsgeladene Farbkontraste zustande. Eine auffallende Hell-Dunkel-Polarität zeigt sich beispielsweise im Zusammenspiel von schwarzer Kleidergrundfarbe und dem blassen, bisweilen auch weiß geschminkten Gesicht[15] der Grufties. Den gleichen Effekt erzielen die oft zu beobachtenden weißen Muster[16] auf T-Shirts und Tüchern oder das gelegentlich anzutreffende weiße Rüschenhemd.

Ein weiterer Farbkontrast, der das Erscheinungsbild der Grufties charakterisiert, ist der von Schwarz-Silber. Er resultiert aus der Kombination von schwarzer Kleidung und silberfarbenem Schmuck.[17]

Zu den Material- und Farbwirkungen im Gruftieoutfit werden nachstehend vier didaktische Bausteine angeboten:

1. Optische Wirkung
2. Haptische Eigenschaften
3. Farbkontraste
4. Material- und Farbkontraste

Steht beim ersten Baustein die optische Wirkung gruftietypischer Kleiderstoffe im Zentrum didaktischen Interesses, so geht es beim zweiten um deren haptische Eigenschaften. Der dritte Baustein befasst sich vordergründig und isoliert mit Farbkontrasten, während der vierte Baustein zusätzlich noch Materialkontraste miteinbezieht.

An diese Bausteine könnte sich übrigens durchaus die vertiefende Auseinandersetzung mit einem gruftietypischen Material (z. B. Samt, Spitze, Leder) oder mit einer gruftietypischen Farbe (z. B. Schwarz)[18] anschließen.

5.1 Optische Wirkung – Sortieraufgabe

Vorbemerkungen

Zur Erarbeitung der optischen Wirkung gruftietypischer Kleiderstoffe wird eine Sortieraufgabe gewählt, nämlich das Aussortieren gruftietypischer Kleiderstoffe aus einem „Stoffberg" (Mat.).

---

[14] Zu den schwarzen Stoffen der Grufties vgl. Schmidt/Janalik 2000, S. 78ff.
[15] Zum weißen Make up der Grufties vgl. Schmidt/Janalik 2000, S. 80ff.
[16] Zu den weißen Mustern der Grufties vgl. Schmidt/Janalik 2000, S. 80ff.
[17] Zum silberfarbenen Schmuck der Grufties vgl. Schmidt/Janalik 2000, S. 92ff.
[18] Zu Filmen über die Farbe Schwarz s. Anhang.

Es empfiehlt sich, für diese Aufgabe die Sozialform Einzelarbeit zu wählen.

Lernziele

Die Schülerinnen und Schüler sollen

- ⇛ sich mit der optischen Wirkung gruftietypischer Kleiderstoffe auseinandersetzen
- ⇛ mit Hilfe des Sehsinns gruftietypische von gruftieuntypischen Kleiderstoffen unterscheiden
- ⇛ erfahren, dass Grufties für ihre Kleidung nahezu ausschließlich schwarze Kleiderstoffe verwenden
- ⇛ durch Differenzwahrnehmung erkennen, dass Grufties für ihre schwarze Kleidung vor allem glänzende und edel wirkende Materialien verwenden
- ⇛ gruftietypische Kleiderstoffe begrifflich erfassen
- ⇛ wahrnehmen, dass schwarzer Samt der am dunkelsten wirkende Farbton der Grufties ist
- ⇛ erkennen, dass Grufties bei ihren Kleiderstoffen mit dem Materialkontrast transparent – nicht transparent operieren

Aufgaben

Grufties tragen nahezu ausschließlich schwarze Kleidung. Als Materialien bevorzugen sie solche, die glänzen und edel wirken. Schwarze Stoffe dagegen, die eher stumpf und unauffällig wirken, sind bei den Grufties weniger beliebt.

1. Sortiert aus einem „Stoffberg“ die Stoffe aus, die für Grufties typisch sind.
2. Klebt die aussortierten Materialproben auf ein Arbeitsblatt und schreibt zu jeder Materialprobe den passenden Stoffnamen.
3. Vergleicht die aufgeklebten Materialproben miteinander.
   a) Welches Material wirkt am dunkelsten?
   b) Welche Materialien wirken transparent (durchsichtig), welche nicht transparent (undurchsichtig)?

Materialien (Materialproben)

- bunte Stoffe, auch mit Muster
- einfarbige dunkle Stoffe, z. B. dunkelgraue, dunkelbraune
- stumpfe und unauffällig wirkende schwarze Stoffe, z. B. Wolle (Filz), Baumwolle
- glänzende und edel wirkende schwarze Stoffe und Materialien („Gruftiestoffe“), z. B. Samt, Seide, Spitze, Netz, Lack, Leder

5.2 Haptische Eigenschaften – Fühl- und Tastkästen

Vorbemerkungen

Zum handgreiflichen Wahrnehmen und Erfahren der haptischen Eigenschaften gruftietypischer Stoffe und Materialien sind Fühl- und Tastkästen als Arbeitsmittel besonders geeignet (Mat. 1. und 2.). Als Sozialform ist die Einzelarbeit naheliegend.

Lernziele

Die Schülerinnen und Schüler sollen

⇛ Kenntnisse über die haptischen Eigenschaften gruftietypischer Kleiderstoffe gewinnen

⇛ gruftietypische Kleiderstoffe mit Hilfe des Tastsinns unterscheiden und das „Unterschiedene“ mit Eigenschaftswörtern belegen

Aufgaben

In den vor euch stehenden, mit Nummern versehenen Fühl- und Tastkästen befinden sich Materialproben von typischen „Gruftiestoffen“.

1. Versucht durch Fühlen und Tasten herauszufinden, welcher Stoff sich in welchem Kasten befindet.
2. Notiert jeweils die Nummer des Fühl- und Tastkastens und den zugehörigen Stoffnamen.
3. Beschreibt mit einem Eigenschaftswort, wie sich der jeweilige Stoff anfühlt.

Materialien

1. Fühl- und Tastkästen

- z. B. Schuhkartons mit Öffnung in Handgröße

2. Materialproben

- Samt, Seide, Spitze, Netz, Lack, Leder

5.3 Farbkontraste – Farbexperimente

Vorbemerkungen

Um den das Erscheinungsbild der Grufties charakterisierenden Schwarz-Weiß- bzw. Hell-Dunkel-Kontrast für die Schülerinnen und Schüler erkennbar zu machen, bietet sich das Experimentieren mit schwarzem Samt (als dunkelstem Stoff) auf verschiedenfarbigen Untergründen an (Mat. 1. und 2.).

Anhand von entsprechenden Bildern können die Schülerinnen und Schüler anschaulich erkennen, auf welche Weise sich Grufties den Schwarz-Weiß- bzw. Hell-Dunkel-Kontrast im Erscheinungsbild zunutze machen (Mat. 3.).

Für das Erkennen der Wirkung des Schwarz-Silber-Kontrastes im Gruftieoutfit wird das Experimentieren mit schwarzem Kleiderstoff und Silberschmuck vorgeschlagen (Mat. 1. und 4.).

Nicht zuletzt wegen der Materialfülle bietet sich für die offerierten „Farbexperimente" die arbeitsgleiche Gruppenarbeit an.

Lernziele

Die Schülerinnen und Schüler sollen

⇛ einen Einblick in die Farbkontraste im Erscheinungsbild der Grufties erhalten

⇛ mit Hilfe des Sehsinns den Zusammenhang zwischen der Stärke der Kontrastwirkung von Schwarz und der Helligkeit des Untergrundes herausfinden

⇛ erkennen, dass Schwarz zusammen mit Weiß seine stärkste Kontrastwirkung entfaltet

⇛ den Schwarz-Weiß- bzw. Hell-Dunkel-Kontrast im Erscheinungsbild der Grufties beispielhaft identifizieren

⇛ die edle Wirkung der Kombination von schwarzem Samt und silberfarbenem Schmuck wahrnehmen und nachvollziehen

Aufgaben

1. Legt ein schwarzes Samtstück nacheinander auf verschiedenfarbiges Tonpapier.
   a) Wie verändert sich die Kontrastwirkung von Schwarz im Zusammenhang mit den jeweiligen andersfarbigen Untergründen? Beschreibt die wechselnde Kontrastwirkung.
   b) Zu welcher Untergrundfarbe bildet Schwarz den stärksten Kontrast?
2. In welcher Weise machen sich die Grufties den stärksten Farbkontrast in ihrem Outfit und Erscheinungsbild zunutze?

   Schaut euch dazu drei Bilder aus der Gruftieszene an.
3. Legt ein silbernes Schmuckstück auf schwarzen Samt.
   a) Beschreibt die Kontrastwirkung.
   b) Zu welchen Anlässen würdet ihr die Kombination von schwarzem Samt und Silberschmuck wählen?

Materialien

1. Materialprobe

- schwarzes Samtstück

2. Untergründe

- Tonpapier in verschiedenen Farben und Helligkeitsstufen (z. B. weißes, gelbes, dunkelblaues, braunes)

3. Bilder

- Bild eines Grufties mit schwarzer Kleidung und weiß geschminktem Gesicht (z. B. Kap. 2, Abb. 9)
- Bild eines schwarzen Gruftie-T-Shirts mit weißem Muster (z. B. Kap. 7, Abb. 29)
- Bild eines schwarz gekleideten Grufties mit weißem Rüschenhemd (z. B. Kap. 3, Bildkarte 9)

4. Schmuckstück

- silberfarbenes Schmuckstück (z. B. Ring, Brosche)

5.4 Material- und Farbwirkungen – Collage oder Anziehpuppe

Vorbemerkungen

Zur Vertiefung der erarbeiteten typischen Material- und Farbwirkungen im Erscheinungsbild der Grufties wird wahlweise die Gestaltung (Kleben) einer Collage oder einer Anziehpuppe mit gruftietypischen Farben und Materialien vorgeschlagen (Mat. 1. und 2.).

Die Bearbeitung und Lösung dieser Gestaltungsaufgaben kann beispielsweise in verarbeitender Einzelarbeit erfolgen.

Lernziele

Die Schülerinnen und Schüler sollen

⇛ gruftietypische Material- und Farbwirkungen in Form einer Collage oder Ausgestaltung einer Anziehpuppe kreativ und handwerklich umsetzen

Aufgaben

Gestaltet im „Gruftie-Look“ wahlweise eine

a) Collage

b) Anziehpuppe

Materialien

1. Untergrund

- weißer oder schwarzer Plakatkarton bzw. Anziehpuppe aus weißem Karton (weißes Gesicht)

2. Materialproben

- schwarze Gruftiestoffe, z. B. Samt, Seide, Spitze, Netz, Lack, Leder (schwarze Kleiderfarbe)
- „Silberstoffe“, z. B. Alufolie (silberfarbener Schmuck)
- weiße Stoffreste, z. B. Tüll (als weiße Farbakzente)

6. Frisur und Make-up in der Gruftieszene – Schmink- und Frisieraktion

Vorbemerkungen

In der Gruftieszene begegnet man einer kreativen Vielfalt an Frisuren[19]. Sie ist im wesentlichen gekennzeichnet durch toupierte Haare, ausrasierte Haarpartien, die Haarfarbe Schwarz und die Verwendung von Unmengen an Haarspray.

Typisch für das Gruftie-Make-up[20] ist der spannungsgeladene Kontrast zwischen hell geschminktem Gesicht und schwarz umrahmten Augen. Zu den szenetypischen Schminkutensilien gehören schwarzer Nagellack sowie schwarzer oder blutroter Lippenstift.

Zur Frisur und zum Make-up der Grufties wird im Folgenden ein didaktischer Baustein vorgestellt, der eine Schmink- und Frisieraktion vorsieht. Diese bietet sich an, um den Schülerinnen und Schülern das Schmink- und Frisierverhalten der Grufties zu verdeutlichen und auch körperlich mit allen Sinnen erfahrbar zu machen.

Die Schülerinnen und Schüler können sich beispielsweise in Partnerarbeit gegenseitig im Gruftiestil schminken (Mat. 1.) und frisieren (Mat. 2.). Geeignete Bilder von Grufties dienen als „Vor-Bilder" und können z. B. in Postergröße an der Wand angebracht werden (Mat. 3.).

Die beim Schminken und Frisieren gewonnenen Eindrücke, Erfahrungen und Erkenntnisse lassen sich in einem abschließenden Klassengespräch, beispielsweise im Stuhlkreis, nachhaltig austauschen.

Lernziele

Die Schülerinnen und Schüler sollen

⇛ am eigenen Leib und mit eigenen Händen die gruftietypische Schmink- und Frisierweise erfahren

⇛ erkennen, dass das Gruftie-Make-up durch den spannungsgeladenen Kontrast zwischen hell geschminktem Gesicht und schwarz umrahmten Augen gekennzeichnet ist

⇛ toupierte, mit Haarspray fixierte, schwarze Haare sowie ausrasierte Haarpartien als gruftietypische Frisurenmerkmale kennen lernen

⇛ die von den Grufties für ihre Frisuren verwendete Haarspraymenge kritisch hinterfragen

⇛ ihren eigenen Zeitaufwand beim Schminken und Frisieren mit dem der Grufties vergleichen

⇛ erkennen, dass der schwarze Kleiderstil der Grufties auch deren Frisur und Make-up bestimmt

---

[19] Zu Frisuren der Grufties vgl. Schmidt/Janalik 2000, S. 84ff.

[20] Zum Make-up der Grufties vgl. Schmidt/Janalik 2000, S. 88ff.

⇛ dafür sensibilisiert werden, dass Grufties ihre Gruppenzugehörigkeit auch über die Identitätszeichen Frisur und Make-up optisch präsentieren

⇛ ein Verständnis für die Schmink- und Frisierweise einer anderen, von der eigenen abweichenden (Jugend-)Kultur entwickeln

Aufgaben

1. Schminkt euch gegenseitig im Gruftiestil.
   a) Wascht eure Gesichter und trocknet sie sorgfältig ab.
   b) Legt ein Handtuch um die Schultern und bindet eure Haare zusammen.
   c) Tragt weißes Make-up auf bzw. grundiert mit Hilfe eines feuchten Schwämmchens euer Gesicht mit weißer wasserlöslicher Schminkfarbe. (Beim Auftragen der Schminkfarbe von innen nach außen arbeiten.)
   d) Umrahmt eure Augen mit schwarzem Kajalstift.
   e) Verziert, wenn ihr wollt, euer Gesicht zusätzlich, z. B. durch das Aufmalen von schwarzen Spinnennetzen, Fledermäusen ...
   f) Schminkt eure Lippen mit schwarzem oder blutrotem Lippenstift.
   g) Lackiert, wenn ihr wollt, eure Fingernägel mit schwarzem Nagellack.
2. Stylt euch gegenseitig die Haare im Gruftiestil. (Keine Haare ausrasieren oder abschneiden!!!)
   a) Toupiert eure Haare.
   b) Fixiert eure kreative „Gruftiefrisur“ mit Haarspray bzw. schwarzem Haartönungsspray. Haltet die Sprühdose ca. 20 cm vom Haar entfernt und verteilt das Spray gleichmäßig (nicht in die Augen sprühen).
   c) Fotografiert, wenn möglich, eure Make-up- und Haarschöpfungen.
   d) Wascht die (schwarze) Farbe nach der Styling-Aktion wieder aus euren Haaren heraus (evtl. zu Hause).
3. Stellt eure Make-up- und Frisurschöpfungen den Mitschülerinnen und Mitschülern vor und berichtet von euren Erfahrungen und Eindrücken beim Schminken und Frisieren im Gruftiestil.
   a) Wie wirken das Make-up und die Frisuren der Grufties auf euch?
   b) Welche Wirkung beabsichtigen die Grufties möglicherweise durch ihr Make-up und ihr Haarstyling?
   c) Wie beurteilen vermutlich andere Leute das Make-up und die Frisuren der Grufties?
   d) Wie beurteilt ihr die Haarspraymenge, die manche Grufties für ihr Haar-Styling verwenden?
   e) Vergleicht den Zeitaufwand, den Grufties für ihr Make-up und Haarstyling benötigen, mit eurem eigenen.
   f) Würdet ihr einem Sohn oder einer Tochter erlauben, sich wie ein Gruftie zu schminken und zu frisieren?

Materialien[21]

Make-up

- u. U. Waschlappen, Handtücher, Haargummis, Stirnbänder
- weißes Make-up oder weiße Schminkfarben und Schwämmchen
- schwarze Kajalstifte, evtl. auch schwarzer Eyeliner und schwarzer Lidschatten
- evtl. schwarze Schminkfarben, Pinsel
- schwarze und blutrote Lippenstifte
- evtl. schwarzer Nagellack

Frisur

- Haarsprays bzw. schwarze Haartönungssprays (Tönungsmittel, das nur EINE Wäsche lang im Haar hält)
- Kämme, Spiegel
- evtl. Sofortbildkameras
- Shampoos, Fönapparate

Vor-Bilder (z. B. Poster, Gruftiebilder)

1 Gruftie-Make-up (Gothic 24/1996, Titelbild)
2 Gruftie-Make-up und -frisur, Katalogmodel (Xtra 2000, S. 23, Ausschnitt)
3 „Hexenhaare“ (Polhemus 1995, S. 98, Ausschnitt)
4 Gruftie-Make-up (Matzke-Seeliger 2000, S. 3, Ausschnitt)

[21] Szenetypische Schmink- und Frisierutensilien (z. B. weißes Make-up, schwarzes Haartönungsspray) sind erhältlich beispielsweise über den Xtra-Versand, s. Anhang.

1

2

3

4

7. Gruftietypische Schmuck- und Textilornamente

Die Grufties bevorzugen für ihren Silberschmuck und ihre Kleiderstoffe Ornamente[22] – also Verzierungsmotive – mit hohem Symbolgehalt, z. B. Knochen, Kreuze, Tiere, Zahlen und Buchstaben.

Nachstehend werden zur Schmuck- und Textilornamentik der Grufties zwei didaktische Bausteine vorgestellt:

1. Ornamentgruppen
2. Ornamentsymbolik

Der erste Baustein thematisiert die gruftietypischen Ornamentgruppen, der zweite Baustein die Symbolik gruftietypischer Ornamente.

7.1 Gruftietypische Ornamentgruppen – Kategorisierungsaufgabe

Vorbemerkungen

Zur Erarbeitung der verschiedenen gruftietypischen Ornamentgruppen wird eine Kategorisierungsaufgabe gewählt. Diese besteht darin, mit Hilfe von Ausschneidebögen gruftietypische Schmuckstücke (Abb. 1–18) und Kleidungsstücke (Abb. 19–32) nach ihren Verzierungsmotiven zu kategorisieren, d. h. nach Klassen zu ordnen.

Da bei dieser Aufgabe ein kommunikativer Austausch erwünscht und auch eine gewisse Materialfülle zu bewältigen ist, bietet sich die arbeitsgleiche Gruppenarbeit als Sozialform an.

Anstelle von Ausschneidebögen können auch szenetypische Versandkataloge eingesetzt werden, z. B. Xtra Undergroundfashion Mailorder. Besonders motivierend – aber finanziell wohl kaum erschwinglich – ist das Kategorisieren von originalen gruftiespezifischen Schmuck- und Kleidungsstücken. Diese können entweder über Versandkataloge und Internetadressen bestellt oder aber vor Ort in einschlägigen Szeneshops erworben werden, beispielsweise in Heidelbär's Castle in Heidelberg.[23]

Lernziele

Die Schülerinnen und Schüler sollen

⇛ die Ornamente der gruftietypischen Schmuck- und Kleidungsstücke kategorisierend ordnen

⇛ Übereinstimmungen zwischen den Schmuck- und Textilornamenten der Grufties erkennen

⇛ Schädel und Knochen, Kreuze, Sterne, Tiere sowie Zahlen und Buchstaben als gruftietypische Ornamentgruppen herausfinden

---

[22] Zur Schmuck- und Textilornamentik der Grufties vgl. Schmidt/Janalik 2000, S. 80f. u. 92ff.

[23] Zu einschlägigen Versandkatalogen und Shops der schwarzen Szene s. Anhang.
Weitere Angaben zu Versandkatalogen und Szeneshops finden sich im Branchenbuch für die schwarze Szene, s. Anhang.

⇛ den einzelnen gruftietypischen Ornamentgruppen Oberbegriffe zuordnen
⇛ sich ihre Assoziationen zu den gruftietypischen Verzierungsmotiven bewusst machen

Aufgaben

1. Welche Ornamente (Verzierungsmotive) gehören zusammen?
   a) Schaut euch die verschiedenen Schmuck- und Kleidungsstücke der Grufties auf den Ausschneidebögen an.
   b) Versucht, fünf bis sechs Ornamentgruppen herauszufinden und klebt die so geordneten Schmuck- und Kleidungsstücke auf ein Plakat.
2. Findet Oberbegriffe für diese Ornamentgruppen. Schreibt die Oberbegriffe zu den jeweiligen Ornamentgruppen auf das Plakat.
3. Welche Vorstellungen verbindet ihr mit den einzelnen Ornamenten der Grufties? Macht euch entsprechende Notizen.

Variationsmöglichkeiten

1. Die Schülerinnen und Schüler können die Kategorisierungsaufgabe auch in zwei Schritten bewältigen. In einem ersten Schritt gruppieren die Schülerinnen und Schüler nur die Schmuckstücke nach ihren Ornamenten. In einem zweiten Schritt ordnen die Schülerinnen und Schüler dann die Kleidungsstücke den bereits gruppierten Schmuckstücken zu.
2. Bei Schwerpunktsetzung auf die Schmuckornamentik können die Schülerinnen und Schüler lediglich die Schmuckstücke gruppieren.
3. Die Anzahl der zu gruppierenden Schmuckstücke (18) und Kleidungsstücke (14) kann aus Zentrierungsgründen reduziert werden.
4. Die Bearbeitung der Aufgabe, Schmuck- und Kleidungsstücke zu gruppieren, kann arbeitsteilig erfolgen, z. B. Gruppe 1: Schädel und Knochen, Sterne, Zahlen und Gruppe 2: Kreuze, Tiere, Buchstaben.

Materialien (Ausschneidebogen)

Schädel und Knochen

Schmuckornamente

1 Totenkopf, Gürtelschnalle (Xtra 2000, S. 133)
11 Totenkopf, Fingerring (Alchemy Gothic o. J., S. 4)
3 Knochenhand, Anhänger (Xtra 2000, S. 132)
12 Knochen, Halskette (Extra 1997, zit. nach Scharm 1998, S. 35)

Textilornamente

24 Skelett, Strumpfhose (Xtra 2000, S. 13)
25 Totenkopf mit gekreuzten Knochen, Hose (Xtra News Frühling-Sommer 2000, S. 15)

30 Knochenhand, T-Shirt (Xtra 2000, S. 106)
32 Totenkopf mit gekreuzten Knochen, Hemd (Xtra X News 2000, S. 9)

Kreuze

Schmuckornamente

5 Christliches Kreuz, Ring (Alchemy Gothic o. J., S. 5)
15 Umgedrehtes Christliches Kreuz, Anhänger (Teufelsküche o. J., S. 82)
6 Keltisches Kreuz, Anhänger (Xtra 2000, S. 140)
14 Henkelkreuz (Anch), Anhänger (Xtra 2000, S. 140)
12 Henkelkreuz (Anch), Uhrenarmband (Alchemy Gothic o. J., S. 13)

Textilornamente

20 Christliches Kreuz, Kleid (Xtra News Frühling-Sommer 2000, S. 3)
27 Keltisches Kreuz, Top (Xtra 2000, S. 32)

Sterne

Schmuckornamente

10 Pentagramm, Anhänger (Xtra 2000, S. 140)
7 Pentagramm, Armreif (Alchemy Gothic o. J., S. 14)
9 Hexagramm, Anhänger (Xtra 2000, S. 135)

Textilornamente

23 Hexagramm, T-Shirt (Alchemy Gothic o. J., Beilage)
26 Pentagramm mit Ziegenbock, T-Shirt (Xtra News Frühling-Sommer 2000, S. 24)
28 Pentagramm, T-Shirt (Xtra News Frühling-Sommer 2000, S. 19)

Tiere

Schmuckornamente

4 Fledermaus, Ketten (Xtra 2000, S. 109)
2 Spinne, Anhänger (Alchemy Gothic o. J., S. 8)
17 Schlange, Nagelring (Xtra 2000, S. 149)

Textilornamente

19 Spinne und Spinnennetz, Strumpfhose (Xtra 2000, S. 113)
21 Schlangenhaut, Strumpfhose (Xtra 2000, S. 112)
22 Fledermaus, Strumpfhose (Xtra 2000, S. 113)
29 Spinne und Spinnennetz, Top (Xtra 2000, S. 113)

Zahlen und Buchstaben

Schmuckornamente

8 Zahl 666, Anhänger
16 Buchstaben FFF, Anhänger
18 Rune, Anhänger (Xtra 2000, S. 139)

Textilornamente

31 Zahl 666, Kapuzenshirt (Xtra News Frühling-Sommer 2000, S. 19)

1

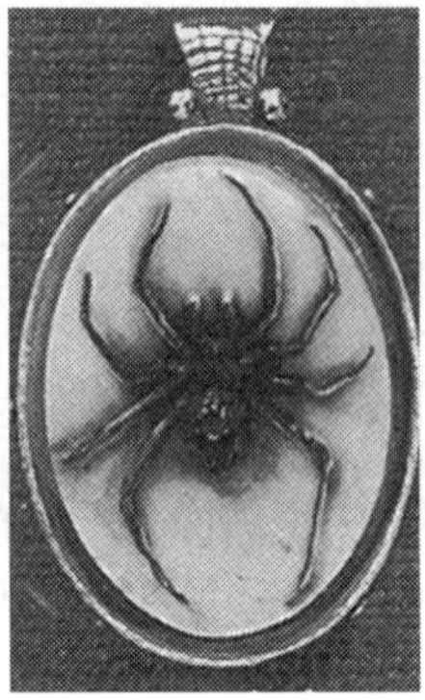

2

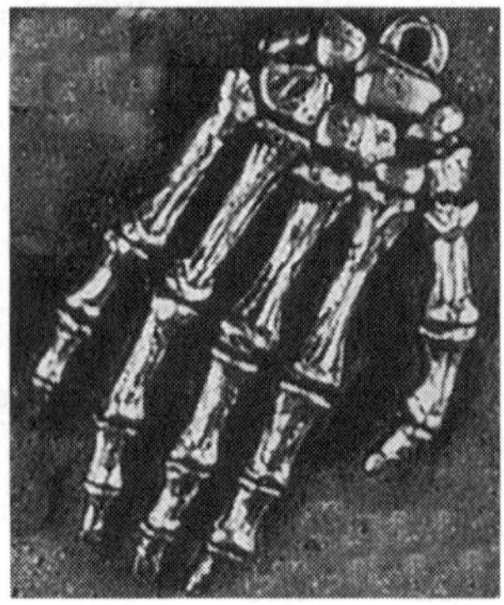

3

4

5

6

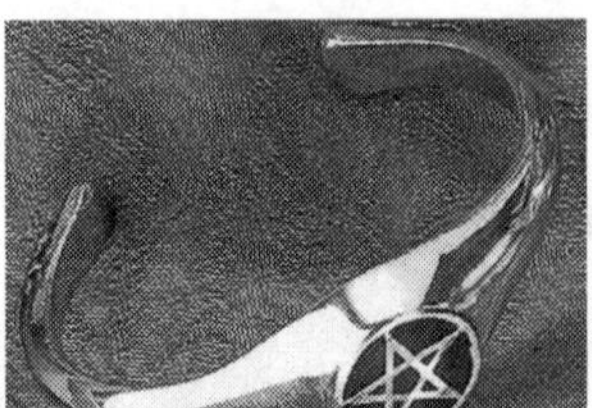

7

8

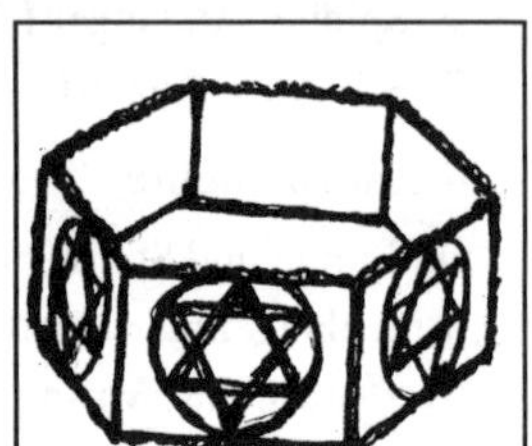

9

10

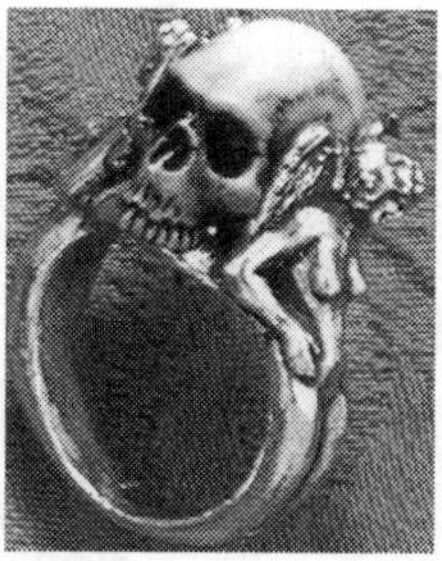

11

12

13

14

15

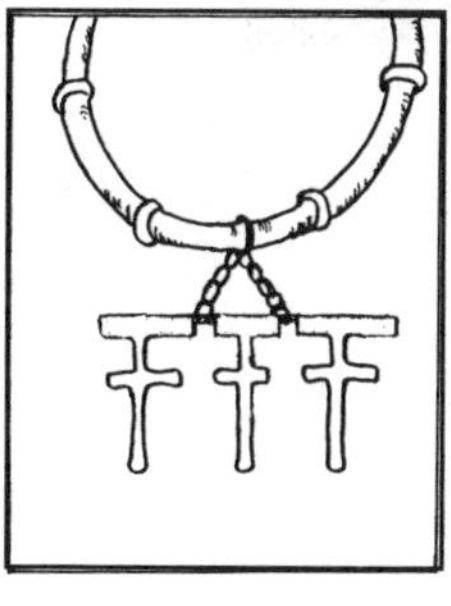

16

17

18

19

21

22

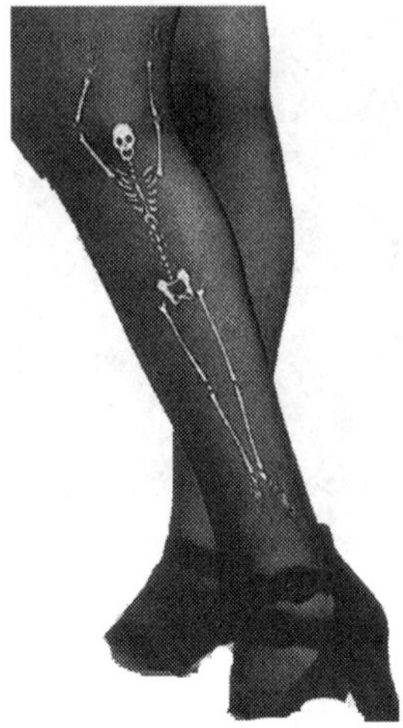

24

20

23

25

26

27

28

29

30

31

32

7.2 Ornamentsymbolik der Grufties – Zuordnen von Text- und Bildkarten

Vorbemerkungen

Um den Schülerinnen und Schülern eine intensive Auseinandersetzung mit dem Zusammenhang zwischen gruftietypischen Ornamenten und deren jeweiliger Symbolik zu ermöglichen, wird als „Methode" das Zuordnen von Text- zu Bildkarten gewählt. Die Bildkarten (A–M) zeigen typische Ornamente der Grufties. Auf den Textkarten (1–12) wird das Aussehen und der Symbolgehalt dieser Ornamente beschrieben.

Die Zuordnung der Karten kann in Einzel-, Partner- oder Gruppenarbeit erfolgen.

Lernziele

Die Schülerinnen und Schüler sollen

⇛ einen Einblick in die Symbolik gruftietypischer Ornamente (Knochen, Kreuze, Sterne, Zahlen, Buchstaben) gewinnen

⇛ erkennen, dass die Ornamente der Grufties einen hohen Symbolgehalt besitzen

⇛ erkennen, dass Grufties für ihre Ornamente symbolgeladene Formen aus den Bereichen Tod, Magie und „Religion" verwenden

⇛ sich die persönliche Bedeutung von Ornamenten auf ihren eigenen Schmuck- und Kleidungsstücken vergegenwärtigen

Aufgaben

1. Welche Bildkarte/Textkarte gehört zu welcher Textkarte/Bildkarte?
   Schaut euch die Bildkarten (A–M) an. Jede Bildkarte zeigt ein typisches Ornament der Grufties.
   Lest die Textkarten (1–12) durch. Auf jeder Textkarte wird ein typisches Ornament der Grufties näher beschrieben.
   Ordnet den Bildkarten die passenden Textkarten zu.
2. Wie würdet ihr einem Freund oder einer Freundin gegenüber die typischen Ornamente der Grufties und deren symbolische Bedeutung beschreiben und erklären?
3. Tauscht euch darüber aus, welche Bedeutung die Ornamente, die ihr auf euren Schmuck- und Kleidungsstücken tragt, für euch haben.

Variationsmöglichkeiten

1. Die Bild- und Textkarten können nicht nur in der Phase der Erarbeitung, sondern auch zur Vertiefung eingesetzt werden, beispielsweise in Form eines Memoryspiels.

2. In der Phase der Vertiefung können auch einzelne Schülerinnen und Schüler gruftietypische Ornamente in Monologform vorstellen (z. B. Fledermaus: „Ich bin ein Flattertier ...“). Die Ornamente müssen dann von den übrigen Schülerinnen und Schülern erraten werden.
3. Die Bild- und Textkarten können auch in arbeitsteiliger Gruppenarbeit (drei Ornamente je Gruppe) bearbeitet werden, z. B.:

   Gruppe 1: Schädel und Sterne (Totenkopf, Pentagramm, Hexagramm)

   Gruppe 2: Tiere (Fledermaus, Spinne, Schlange)

   Gruppe 3: Kreuze (Christliches Kreuz, Keltisches Kreuz, Henkelkreuz)

   Gruppe 4: Zahlen und Buchstaben (Zahl 666, Buchstaben FFF, Rune)

   Durch die Zuordnung von Bild- und Textkarten bekommen die Gruppen so viele Informationen über „ihre“ jeweiligen Ornamente, dass sie dadurch anschließend in der Lage sind, als Experten Wissenswertes vor der Klasse vorzustellen.
4. Es kann auch jeweils ein Ornament aus jeder Ornamentgruppe in arbeitsteiliger Gruppenarbeit bearbeitet werden, z. B.:

   Gruppe 1: Totenkopf

   Gruppe 2: Pentagramm

   Gruppe 3: Fledermaus

   Gruppe 4: Christliches Kreuz

   Gruppe 5: Zahl 666

   Mit Hilfe ihrer jeweiligen Bild- und Textkarten erarbeiten die Gruppen jeweils ein gruftietypisches Ornament. Sie bereiten zu diesem ein Interview vor, das sie anschließend im Plenum vorstellen. Zum Ornament Fledermaus könnten von der „Tiergruppe“ beispielsweise folgende Fragen vorbereitet werden: „Wie siehst du aus?“ „Wie geht es dir?“ und folgende Antworten: „Ich sehe aus wie eine Maus.“ „Ich fühle mich schlecht, weil mich die Menschen für böse halten“.

Materialien (Bild- und Textkarten)

<u>Schädel und Sterne</u>

A	und	4	: Totenkopf
B	und	8	: Pentagramm
C	und	10	: Hexagramm

<u>Tiere</u>

D	und	12	: Fledermaus
E	und	2	: Spinne
F	und	6	: Schlange

Kreuze

G		11	: Christliches Kreuz
H	und	3	: Keltisches Kreuz
I	und	9	: Henkelkreuz

Zahlen und Buchstaben

K	und	7	: Zahl 666
L	und	1	: Buchstaben FFF
M	und	5	: Rune

A
B
C
D
E
F

G
H
I
K
L
M

4

Totenkopf
Der Totenkopf gilt als Symbol für den Tod.

8

Hexenstern oder Pentagramm
(= fünf Schriftzeichen)
Das Pentagramm ist ein fünfzackiger Stern und besteht aus drei ineinander verschachtelten Dreiecken.
Man findet diesen „Hexenstern" heute noch in alten Kirchen. Er soll vor bösen Geistern schützen, aber nur dann, wenn seine Linien durchgehend, d.h. in einem Zug gezeichnet sind.
Steht das Pentagramm auf dem Kopf, sieht es aus wie ein Ziegenkopf und steht als Symbol für den Teufel.

10

Davidstern oder Hexagramm
(= sechs Schriftzeichen)
Das Hexagramm ist ein sechszackiger Stern und besteht aus zwei ineinander geschobenen Dreiecken.
Da die Spitze des einen Dreiecks nach oben und die des anderen Dreiecks nach unten zeigt, gilt das Hexagramm als Zeichen der Versöhnung von Himmel und Erde.
Im Judentum ist es ein religiöses (bzw. ein nationales) Symbol.

12

Fledermaus
Die Fledermaus ist ein Flattertier und sieht aus wie eine Maus mit Flügeln.
Tagsüber hält sie sich gerne in alten Ruinen auf. Nachts und in der Dämmerung ist sie unterwegs und saugt angeblich Menschen das Blut aus.
Daher gilt die Fledermaus als Symbol für das Böse und den Tod.

2

Spinne
Die Spinne ernährt sich von Fliegen und Mücken, die sie in ihrem Netz fängt.
Dieses stellt sie selbst her. Dazu produziert sie aus ihren Drüsen lange Fäden und verwebt sie zu einem Netz, das sie zwischen Bäumen oder in den Ecken von Räumen, z.B. in alten Gemäuern aufspannt.
Die Menschen ekeln sich im Regelfall vor Spinnen.

6

Schlange
Die Schlange gehört zu den Kriechtieren, bewegt sich durch Schlängeln vorwärts und hat oft Giftzähne.
Da sie nach Aussage der Bibel Adam und Eva im Paradies zum Essen der verbotenen Früchte verführt hat, gilt die Schlange als das Symbol des Satans.

11

Christliches Kreuz
Das Christliche Kreuz ist ein längliches Kreuz und besteht aus einem Längs- und einem Querbalken. Seit dem Tod Christi am Kreuz gilt es als Symbol für das Leiden Christi (bzw. für Christus selbst).
Wird das christliche Kreuz umgedreht, so wird es zum Symbol für den Satanismus.

3

Keltisches Kreuz
Das Keltische Kreuz besteht aus einem Längs- und einem Querbalken.
Die Schnittstelle beider Balken wird von einem Kreis oder einem Oval umschlossen.
Man findet das Keltische Kreuz vor allem in Irland und Schottland auf Friedhöfen und in Kirchen.
Es gilt auch als Symbol für Leben und Fruchtbarkeit.

9

Henkelkreuz
Das Henkelkreuz hat die Form eines länglichen Kreuzes und besitzt oben eine Schleife.
Es stammt aus Ägypten und ist ein Symbol für das Leben.

7

Zahl 666
Die Zahl 666 ist eine dreistellige Zahl und wird auf Knochen, Metall oder Stein eingeritzt.
Sie gilt als Symbol des Antichristen, also eines Menschen, der gegen das Christentum und die christliche Lehre ist.

1

Buchstaben FFF
Das dreifache F besteht aus drei gleichen Buchstaben und wird auf Knochen, Metall oder Stein eingeritzt.
Der Buchstabe F nimmt im Alphabet den sechsten Platz ein. Das dreifache F wird daher anstelle der Zahl 666 verwendet.
Die Zahl 666 gilt ebenso wie das dreifache F als Symbol des Antichristen.

5

Rune
Die Rune ist ein altes germanisches Schriftzeichen und wurde bzw. wird auf Knochen, Metall und Steine eingeritzt.
Da die Rune ein Symbol für göttliche Worte ist, hat sie Zauberkraft.

8. Perspektivenvielfalt: Meinungen zum Gruftieoutfit

Zum vestimentären Erscheinungsbild von Menschen gibt es zwangsläufig unterschiedliche Perspektiven, die nicht selten mit Vor-Urteilen und Vor-Verurteilungen verbunden sind.

Aufgrund ihres spektakulären Outfits sind Grufties – dies trifft in abgeschwächter Form auch auf andere Jugendkulturen zu – besonders „beliebte" Objekte für Vorurteilsbildungen.

Zu dieser Thematik werden nachstehend zwei didaktische Bausteine dargestellt:

1. Pro-und Contra-Argumente zum Gruftieoutfit
2. Konflikte mit dem Gruftieoutfit

Der erste Baustein thematisiert Pro- und Contra-Argumente zum gruftietypischen Erscheinungsbild und der zweite Baustein richtet das didaktische Interesse auf Konfliktsituationen im Umgang mit dem Gruftieoutfit.

8.1 Pro und Contra – „Einspruch"

Vorbemerkungen

Um den Schülerinnen und Schülern deutlich zu machen, daß es zum gruftietpypischen Erscheinungsbild nicht nur die eigene subjektive Sichtweise, sondern mehrere Perspektiven gibt, bietet sich als „Methode" das Nachspielen der Fernsehsendung „Einspruch" an.

Beim Aufgreifen der Fernsehsendung „Einspruch" können beispielsweise vier Schülerinnen und Schüler für (Befürworter) und vier Schülerinnen und Schüler gegen (Gegner) das Outfit der Grufties argumentieren. Geleitet wird die „Sendung" von einer Schülerin oder einem Schüler als Moderator. Die restlichen Schülerinnen und Schüler können sich während der „Sendung" ebenfalls zu Wort melden.

Lernziele

Die Schülerinnen und Schüler sollen

⇛ erkennen, dass es zum Erscheinungsbild der Grufties verschiedene Perspektiven (Hinsichten) gibt

⇛ am Beispiel der Grufties dafür sensibilisiert werden, dass Perspektivenvielfalt zum besseren Verständnis und zum Abbau von Vorurteilen[24] gegenüber anderen Bekleidungskulturen beiträgt

⇛ Pro- und Contra-Argumente zum Gruftieoutfit sammeln und möglichst überzeugend darstellen

⇛ durch das Abwägen von Pro- und Contra-Argumenten zum Gruftieoutfit zu mehr Objektivität und Toleranz im Bezug auf andere Bekleidungskulturen gelangen

---

[24] Zu Vorurteilen und Veränderung von Vorurteilen im Bereich der sozialen Kategorie Schönheit vgl. Janalik/Schmidt 1998, S. 152ff.

⇛ die eigene Meinung im Hinblick auf das Gruftieoutfit vertreten
⇛ die Bereitschaft entwickeln, auf die Argumente anderer zum Gruftieoutfit einzugehen und die eigene Meinung zu überdenken
⇛ erkennen, dass Grufties aufgrund ihres spektakulären Erscheinungsbildes beliebte Vorurteilsobjekte sind
⇛ sich am Beispiel der Grufties und ihres Outfits bewusst machen, dass sie selbst möglicherweise Vorurteilsträger gegenüber anderen Mitmenschen und Kulturen sind

Aufgaben

Bereitet euch auf das Nachspielen der Fernsehsendung „Einspruch" vor. Das Thema lautet: „Grufties – Wer sich so anzieht, gehört nicht in die Öffentlichkeit".

Befürworter

1. Stellt Pro-Argumente zum Thema zusammen.
2. Vertretet während der Sendung diese Argumente überzeugend.

Gegner

1. Stellt Contra-Argumente zum Thema zusammen.
2. Vertretet während der Sendung diese Argumente überzeugend.

Moderator/Moderatorin

1. Frage deine „Gäste" nach ihrer Meinung zum Thema.
2. Lasse deine „Gäste" ihre Meinung begründen.
3. Achte darauf, dass deine „Gäste" nicht durcheinander reden.
4. Achte darauf, dass deine „Gäste" nicht nur ihre eigene Meinung vertreten, sondern auch auf die Argumente der anderen eingehen.
5. Stelle verschiedene Auffassungen und Argumente gegeneinander.

Publikum

1. Bildet euch eure eigene Meinung zum Thema und bereitet auf dieser Grundlage Fragen an die „Gäste" vor. Bringt dabei auch, wenn ihr wollt, eure eigene Meinung und eigene Argumente mit ein.
2. Hört euch während der „Sendung" die Argumente der „Gäste" an und wägt sie gegeneinander ab.

8.2 Konflikte mit dem Gruftieoutfit – Rollenspiele

Vorbemerkungen

Mit dem Unterrichtsverfahren Rollenspiel[25] können zum Gruftieoutfit unterschiedliche Konflikt- bzw. Entscheidungssituationen bearbeitet werden, beispielsweise Konflikte mit Eltern und Verwandten, mit Angehörigen anderer Jugendkulturen, mit Ausbildern und Arbeitgebern, mit Schulkameraden und Lehrkräften oder mit Menschen aus der Alltagswelt.

Zu den drei erstgenannten Konfliktsituationen werden im Folgenden drei mögliche Rollenspiele skizziert:

1. Gruftie im Streit mit den Eltern (Mat. 1. und 2.)
2. Gruftie in der Auseinandersetzung mit Vertretern anderer Jugendkulturen (Mat. 3. und 4.)
3. Gruftie im eigenen Konflikt über die richtige Kleidung zum Vorstellungsgespräch (Mat. 5. und 6.)

Zur Vorbereitung der Rollenspiele wird die Erarbeitung der Rollen durch die Schülerinnen und Schüler in arbeitsteiliger Gruppenarbeit vorgeschlagen (Aufgaben 1–3).

Aufgaben

Bereitet ein Rollenspiel zum Thema „Konflikte" im Zusammenhang mit dem Gruftieoutfit vor.

1. Lest die Informationskarte und eure Rollenkarte durch
2. Wählt eine Schülerin oder einen Schüler aus, die oder der die Rolle im anschließenden Rollenspiel darstellen soll. Sammelt gemeinsam Argumente und gegebenenfalls Verhaltensweisen, die der Rollenspieler bzw. die Rollenspielerin im Spiel einbringen kann.
3. Beobachtet während des Rollenspiels die Spielerinnen und Spieler. Wie verhalten sich die Personen? Notiert die vorgebrachten Argumente. Wie könnte ein Kompromiss gefunden werden und wie könnte er aussehen?

Lernziele

Die Schülerinnen und Schüler sollen

⇛ erkennen, dass das von der Kleidernorm abweichende Gruftieoutfit zu Konfliktsituationen führen kann

[25] Zum Rollenspiel im Mode- und Textilunterricht vgl. Schmidt 1994, S. 80ff.; zum Rollenspiel im Bereich Kleidung und Mode vgl. Schmidt 1986

⇛ über die Bearbeitung möglicher Konfliktsituationen im Zusammenhang mit der Jugendkultur der Grufties Rollendistanz, Empathie, Ambiguitätstoleranz und Selbstdarstellung – auch im vestimentären Bereich – entwickeln

⇛ erkennen, dass es unterschiedliche Perspektiven zum Gruftieoutfit gibt, die von individuellen und gesellschaftlichen Standorten abhängig sind

⇛ sich bewusst machen, dass man zu schnell vom Erscheinungsbild eines Grufties auf dessen Charakter schließt

⇛ erkennen, dass es gegenüber dem vom modischen Mainstream abweichenden Gruftieoutfit Vorurteile gibt

⇛ sich am Beispiel der Grufties ihre etwaigen Vorurteile bei der Bewertung von Jugendkulturen bzw. anderen Kulturen nach ihrem vestimentären und körperlichen Erscheinungsbild bewusst machen und ihr etwaiges Vorurteilsverhalten kritisch überdenken

Materialien

1. <u>Informationskarte</u> (Rollenspiel 1)

Die Eltern von Simone drohen ihr, sie hinauszuwerfen, wenn sie weiter wie eine „Tote" rumläuft.

2. <u>Rollenkarten</u> (Rollenspiel 1)

Simone: Seit kurzem bist du mit Leib und Seele Gruftie. Du findest deine schwarzen Haare und dein bleiches Gesicht schön.

Vater: Du bist das Oberhaupt der Familie. Dir passt es gar nicht, wie deine Tochter herumläuft. Es ärgert dich, dass Simone ihr Outfit auch noch von deinem Geld finanziert.

Mutter: Du bist Simones Mutter und eigentlich sehr offen für alles. Aber beim Thema „Gruftie und Gruftieoutfit" hast du viele Vorurteile: Friedhofsschändungen usw. Du machst Dir Sorgen um deine Tochter.

3. <u>Informationskarte</u> (Rollenspiel 2)

Ein Hooligan, ein Gruftie und eine Technoanhängerin haben ein Fußballspiel besucht, bei dem es zu einer Massenschlägerei kam. Nun befinden sich diese drei Jugendlichen in einer Gefängniszelle. Der Hooligan, weil er an der Schlägerei nach dem Spiel direkt beteiligt war, der Gruftie und die Technoanhängerin, weil sie sich zur falschen Zeit am falschen Ort aufhielten. Die Massenschlägerei breitete sich so schnell aus, dass sich beide nicht mehr rechtzeitig in Sicherheit bringen konnten. Sie wurden fälschlicherweise von der Polizei in Gewahrsam genommen.

Nun haben die drei Zeit genug, um sich ein wenig näher kennen zu lernen!!!???

4. <u>Rollenkarten</u> (Rollenspiel 2)

Hooligan: Du heißt Dirk, bist 19 Jahre alt und mit Leib und Seele Hooligan. Du hast dich die ganze Woche auf dieses Spiel gefreut, um dich hinterher so richtig mit den gegnerischen Fußballfans zu schlagen.

Gruftie: Du heißt Frank, bist 15 Jahre alt und hast eine Karte zu diesem Fußballspiel zum Geburtstag geschenkt bekommen. Du bist kein richtiger Fan, sondern eher wenig an Fußball interessiert. Du wirst aufgrund deines Outfit und deiner Gesinnung den Grufties zugerechnet.

Technoanhängerin: Du findest Fußball eher langweilig und kannst diesem Spiel nicht viel abgewinnen. Du bist deinem Freund zuliebe mitgegangen. Du bist 14 Jahre alt, heißt Babs und bist die absolute Insiderin, was Techno angeht.

5. Informationskarte (Rollenspiel 3)

Der Gruftie Sascha hat nach vielen Bewerbungsschreiben nun endlich eine Einladung zum Vorstellungsgespräch bei „Mini Mal" als Einzelhandelskaufmann erhalten.

Die Familie (Mutter, Vater, Sascha und Susanne) sitzen beim Mittagstisch, als die gute Nachricht mit der Post kommt. Alle freuen sich darüber.

Saschas Mutter will gleich losfahren, um mit ihm ein paar neue, ordentliche Kleider zu kaufen. Daraufhin mischt sich der Rest der Familie ein.

6. Rollenkarten (Rollenspiel 3)

Mutter: Du bist die Mutter von Sascha und Susanne. Dir macht es nichts aus, dass Sascha im Alltag als Gruftie herumläuft. Aber zum Vorstellungsgespräch findest du Bundfaltenhose, Hemd und Sakko besser. Außerdem muss das schwarze Haarspray verschwinden.

Sascha: Du bist 15 Jahre alt und liebst die Schwarze Szene über alles. Das ist *dein* Lebensstil; da gehören auch die schwarzen Klamotten und die schwarz gestylten Haare dazu.

Vater: Du bist der Vater von Sascha und Susanne. Du findest Saschas „Lebensstil" unmöglich. Du bist der Meinung, dass nur ein paar „ordentliche" Kleider Sascha auch nicht ändern. Er muss sein Verhalten ändern, sonst bekommt er nie einen Job.

Susanne: Du bist 13 Jahre alt und die Schwester von Sascha. Du bist der Meinung, dass Sascha zum Vorstellungsgespräch so gehen kann, wie er immer gekleidet ist. Ein paar Klamotten machen ihn auch nicht „anders" oder „besser". Du findest, dass Sascha ein dufter Typ ist, ob in Gruftiekleidung oder nicht. Wer sich von Kleidung beeinflussen lässt, ist nach deiner Ansicht kein guter Personalchef.

9. Perspektivenwechsel: Reaktionen von Mitmenschen auf Grufties

Die in der Gruftieszene öffentlich präsentierten und demonstrativ zur Schau gestellten vestimentären Zeichen sind für Außenstehende teilweise schwer zu decodieren, weil die Grufties nicht selten bekannte, im öffentlichen Bewusstsein eindeutig belegte Zeichen (z. B. schwarze Kleiderfarbe, christliches Kreuz) umsemantisieren, d. h. mit neuem Sinn belegen. Eine solche Umsemantisierung[26] führt zwangsläufig zu Missverständnissen und entsprechenden Reaktionen bei den Mitmenschen.

Um die Schülerinnen und Schüler diese Reaktionen selbst „vor Ort", also authentisch erfahren zu lassen, bietet sich ein Verkleidungsexperiment an, das einen entsprechenden Perspektivenwechsel mit sich bringt.

Hierzu werden im Folgenden zwei didaktische Bausteine beschrieben, die sich beziehen auf:

1. Reaktionen von Mitschülern und Lehrkräften
2. Reaktionen von Passanten

Beim ersten Baustein wird der Schulhof und beim zweiten Baustein die Straße als Lernort[27] gewählt. Da sich die Lernziele dieser didaktischen Bausteine nicht nachhaltig unterscheiden, werden jene bereits an dieser Stelle und für beide Bausteine gemeinsam aufgeführt.

Lernziele

Die Schülerinnen und Schüler sollen

⇛ Einblick in die Reaktionen von Mitmenschen auf das körperliche und vestimentäre Erscheinungsbild von Grufties gewinnen

⇛ am eigenen „übernommenen Gruftieleib" die Reaktionen von Mitmenschen auf vestimentäre „Andersartigkeit" erspüren.

⇛ die Reaktionen von Mitmenschen auf Grufties beobachten bzw. auch erfragen und dokumentieren

⇛ durch das körperliche und vestimentäre Hineinfinden und Versetzen in die Person eines Grufties einen Zuwachs an Empathie erlangen

⇛ den Aufwand beim Stylen eines Grufties erleben, erfahren und reflektieren

⇛ die Reaktionen von Mitmenschen auf die andersartig aussehende jugendkulturelle Gruppe der Grufties darstellen und kritisch hinterfragen

⇛ die bei ihnen durch die Reaktionen von Mitmenschen auf das von der Norm abweichende Erscheinungsbild der Grufties verursachten Gefühle verbalisieren und kritisch überdenken

---

[26] Zur Umsemantisierung vestimentärer Zeichen durch Jugendkulturen vgl. Schmidt/Janalik 2000, S. 42ff.

[27] Zu Lernorten im Mode- und Textilunterricht vgl. Schmidt 1993, S. 233ff.

9.1 Reaktionen von Mitschülern und Lehrkräften – Verkleidungsexperiment auf dem Schulhof

Vorbemerkungen

Die Schülerinnen und Schüler führen im Schulhof während der großen Pause ein Verkleidungsexperiment durch. Zunächst wird in Partnerarbeit jeweils einer der beiden vom anderen durch Verkleiden, Schminken und Frisieren Schritt für Schritt in einen Gruftie verwandelt (s. Kap. 9.2, Mat. 1.).

Die verkleideten Schülerinnen und Schülern bewegen sich im Anschluss daran als „Grufties" während der großen Pause auf dem Schulhof; die „Stylisten" fungieren als Beobachter.

In einem Klassengespräch werden die Ergebnisse aus dem Verkleidungsexperiment am Lernort Schulhof ausgewertet.

Aufgaben

„Grufties"

1. Lasst euch von eurem Partner/eurer Partnerin in einen Gruftie verwandeln.
2. Bewegt euch während der großen Pause auf dem Schulhof zunächst gruppenweise, dann alleine.
3. Wie fühlt ihr euch? Wie empfindet ihr die Blicke der anderen?

Beobachter (Stylisten)

1. Verwandelt euren Partner/eure Partnerin durch Verkleiden, Schminken und Frisieren in einen Gruftie. (Bedingung: Keine Haare färben oder abrasieren!)
2. Beobachtet „euren" Gruftie auf dem Schulhof. Haltet dabei einen genügend großen Abstand ein, um die Situation nicht zu beeinflussen. Verhält sich „euer" Gruftie realistisch, glaubwürdig?
3. Beobachtet das Verhalten der anderen Menschen auf dem Schulhof. Wie reagieren Schülerinnen und Schüler, wie die Lehrkräfte?

„Grufties" und Beobachter (Stylisten)

1. Berichtet von euren Erfahrungen beim Umstylen.
2. Berichtet von euren Erfahrungen und Beobachtungen auf dem Schulhof.

9.2 Reaktionen von Passanten – Verkleidungsexperiment auf der Straße

Vorbemerkungen

Die Schülerinnen und Schüler führen auf der Straße ein Verkleidungsexperiment durch. Sie finden sich in Gruppen, beispielsweise in 5-er Gruppen (1 „Gruftie", 2

Beobachter, 2 Interviewer) zusammen. Zunächst werden die „Gruftiekandidaten" von den „Beobachtern" in der Gruppe stilgerecht gestylt (Mat. 1.). Die Interviewer bereiten in dieser Zeit Interviewfragen vor (Mat. 2.).

Auf der Straße, zum Beispiel in der Fußgängerzone, fungieren dann die „Grufties" gewissermaßen als „Lockvögel". Die Stylisten fungieren als Beobachter und filmen gegebenenfalls das Geschehen, während die Interviewer – eventuell mit Mikrofon – Passanten befragen.

In einem abschließenden Klassengespräch werden die Ergebnisse aus dem Verkleidungsexperiment am Lernort Straße ausgewertet.

Aufgaben

„Grufties"

1. Lasst euch in einen Gruftie verwandeln.
2. Mischt euch auf der Straße unter die Passanten.
3. Wie fühlt Ihr euch? Wie empfindet ihr die Blicke der Passanten?

Beobachter (Stylisten)

1. Stylt „euren" Gruftie durch Verkleiden, Schminken und Frisieren stilgerecht. (Keine Haare färben oder abrasieren!)
2. Beobachtet die Passanten. Wie reagieren Sie auf „euren" Gruftie?
3. Schreibt eure Beobachtungen auf bzw. haltet sie mit der Kamera fest.

Interviewer

1. Bereitet Fragen für ein Interview mit Passanten zum Thema „Gruftie" vor.
2. Befragt Passanten, die „eurem" Gruftie begegnen, besonders diejenigen, die auf ihn beobachtbar reagieren. Befragt Alte und Junge, Frauen und Männer.
3. Haltet eure Befragungsergebnisse schriftlich oder mit Hilfe eines Aufnahmegeräts (z. B. Kassettenrecorder) fest.
4. Stellt in der Schule eure Interviewergebnisse vor.

„Grufties", Beobachter und Interviewer

1. Berichtet in der Schule über eure Erfahrungen im Rahmen des Verkleidungsexperiments auf der Straße.
   a) Berichtet über eure Erlebnisse, Empfindungen und Erfahrungen („Grufties").
   b) Berichtet über eure Beobachtungen und stellt gegebenenfalls eure Filmaufnahmen vor (Beobachter).
   c) Stellt eure mitgeschnittenen Interviewergebnisse vor.
2. Tauscht euch gemeinsam über die Ergebnisse des Verkleidungsexperiments auf der Straße aus.

Materialien

1. Verkleidungsutensilien[28]

- *Kleidung:* schwarze Kleidung, z. B. aus der schulischen Kleiderkiste oder von den Schülerinnen und Schülern mitgebracht
- *Make-up:* weiße Schminkfarbe, schwarzer Kajalstift, schwarzer und blutroter Lippenstift, schwarzer Nagellack
- *Frisur:* schwarzes Colour-Haarspray, Kamm, Fön

2. Interviewfragen

Fragen könnten u. a. sein:

- Was geht in Ihnen vor, wenn Sie eine(n) solche(n) „Schwarze(n)" sehen?
- Wissen Sie, was ein Gruftie ist?
- Was macht einen Gruftie aus?
- Gibt es in Ihrer Familie oder Ihrem Bekanntenkreis einen Anhänger der Gruftiekultur?
- Wie finden Sie diese Leute?
- Was wissen Sie über Grufties?

[28] Vgl. hierzu die Materialien in Kap. 6.

10. Schwarze Mode der Grufties – Schulfest

Vorbemerkungen

Als Abschluss der Unterrichtseinheit „Gruftiemode“ oder „Grufties – Jugendkultur in Schwarz“ eignet sich beispielsweise ein Schulfest, bei dem die Schülerinnen und Schüler ihre Unterrichtsergebnisse einer größeren, über die eigene Klasse hinausgehenden Öffentlichkeit präsentieren können. Im Sinne eigenverantwortlichen Handelns ist es sinnvoll, den Schülerinnen und Schülern für die Planung und Durchführung dieses Schulfestes gruppenweise bestimmte Zuständigkeitsbereiche zu übertragen.

Nachstehend wird ein didaktischer Baustein zur Planung und Durchführung einer solchen Veranstaltung mit dem Motto „Schwarze Mode der Grufties“ präsentiert.

Er sieht folgende Gruppen und Zuständigkeitsbereiche vor:

1. Kleider- und Schmuckgruppe (Mat. 1.)
2. Schmink- und Frisurenecke (Mat. 2.)
3. Zimmergruppe (Mat. 3.)
4. Filmgruppe (Mat. 4.)
5. Spielgruppe (Mat. 5.)
6. Ausstellungsgruppe (Mat. 6.)
7. Werkstattgruppe (Mat. 7.)
8. Modenschaugruppe (Mat. 8.)
9. Verpflegungsgruppe (Mat. 9.)

Lernziele

Die Schülerinnen und Schüler sollen

⇛ ihre Ergebnisse aus der Unterrichtseinheit „Grufties – Jugendkultur in Schwarz“ öffentlich präsentieren

⇛ unter dem Motto „Schwarze Mode der Grufties“ selbstständig und eigenverantwortlich ein Schulfest organisieren

Aufgaben

Gestaltet ein Schulfest unter dem Motto „Schwarze Mode der Grufties".

Kleider- und Schmuckgruppe
Richtet eine Kleider- und Schmuckecke ein, in der Schulfestbesucher schwarze Gruftiekleidung anprobieren und silberfarbenen Gruftieschmuck auflegen können.

Schmink- und Frisurengruppe
Richtet eine Schmink- und Frisurenecke ein, in der sich Schulfestbesucher als Gruftie stylen (lassen) können.

Zimmergruppe
Gestaltet einen Raum im Gruftiestil, so dass sich Schulfestbesucher in die Lebenswelt eines Grufties einfühlen können.

Filmgruppe
Führt Schulfestbesucher einen Film über die Kleider- und Lebenswelt der Grufties vor.

Spielgruppe
Richtet eine Spielecke ein, in der Schulfestbesucher Spiele zum Thema Gruftiekleidung kennen lernen und spielen können.

Ausstellungsgruppe
Gestaltet für Schulfestbesucher eine Ausstellung. Verwendet dabei die Kleidungsstücke und Accessoires, die ihr und eure Mitschülerinnen und Mitschüler im Gruftielook hergestellt und gestaltet habt.

Werkstattgruppe
Richtet Werkstätten ein, in denen Schulfestbesucher eigenhändig Accessoires und Kleidungsstücke im Grufiestil herstellen und gestalten können.

Modenschaugruppe
Führt Schulfestbesuchern eine Gruftiemodenschau vor.

Verpflegungsgruppe
Baut einen Verpflegungsstand auf, an dem man Speisen, Kuchen und Getränke à la Gruftie zu sich nehmen kann.

Materialien

1. Kleider- und Schmuckgruppe

- schwarze Kleidungsstücke, z. B. Mäntel, Umhänge

- schwarze Accessoires, z. B. Hüte, Tücher, Gürtel
- silberfarbene Schmuckstücke, z. B. Totenkopfringe, Pentagrammanhänger
- Garderobenständer, Schmuckauslage, Spiegel, Sofortbildkamera
- Schaufensterpuppen zum Bekleiden bzw. schon im Gruftiestil bekleidete Schaufensterpuppen

2. Schmink- und Frisurengruppe

- weißes Make-up, schwarzer Kajalstift, blutroter und schwarzer Lippenstift, schwarzer Nagellack
- siehe Schmink- und Frisieraktion, Kap. 6

3. Zimmergruppe

- schwarze Stoffe, schwarze Folie, schwarzes (Krepp-)Papier, schwarze Möbel, weiße „Spinnweben“ (z. B. Wollfasern), weiße (Friedhofs-)Kerzen, Skelett (aus dem Biologieraum), Kreuze
- Bilder oder Poster von Aufenthaltsorten der Grufties (z. B. Friedhof), von schwarz gekleideten Grufties, von Szenebands
- gruftietypische Gedichte
- CDs mit gruftietypischer Musik
- siehe Dekoriertes Klassenzimmer, Kap. 2.1

4. Filmgruppe

- Vorführgerät (Filmraum)
- Gruftiefilm „Auf Teufel komm raus“, s. Anhang S. 162

5. Spielgruppe

- Memoryspiele (oder Quartette) zum Revivaln von Kleidungsstücken und Accessoires, s. Kap. 3.1 und 3.2
- Würfelspiel zur Farbe Schwarz, s. Kap. 4.2

6. Ausstellungsgruppe

- Schaukästen; schwarzer (Samt-)Stoff als Kontrast zu silberfarbenen Schmuckstücken, silberfarbene Alufolie als Kontrast zu schwarzen Kleidungsstücken und Accessoires
- Schülerarbeiten, z. B. T-Shirts, Taschen und Schmuckstücke im Gruftiestil, s. Kleidungsstücke und Accessoires im Gruftiestil, Kap. 11

7. Werkstattgruppe

- Tische, Stühle, Geräte, Materialien
- Arbeitsanleitungen für die Herstellung und Gestaltung von beispielsweise Perlenspinnen, Fledermauskopftüchern, Nietenarmbändern, Gürteltaschen mit Spinnennetzen, s. Kleidungsstücke und Accessoires im Gruftiestil, Kap. 11

8. Modenschaugruppe

- Bühnenbauer: Errichten eines stilgerechten „schwarzen“ Laufstegs
- Beleuchter: Erzeugen einer szenetypischen Raumatmosphäre[29]

---

[29] Zur Raumatmosphäre in Szeneclubs und Diskotheken der Grufties vgl. Schmidt/Janalik 2000, S. 22

- „Discjockey“: Einspielen gruftietypischer Musik
- Moderator: Ansagen der Models und Kommentieren der vorgeführten Kreationen
- Models: Vorführen der Gruftiekollektionen auf dem Laufsteg
- Stylisten: Schminken und Frisieren der Models
- Kameraleute: Fotografieren und eventuell auch Filmen der Models und der Zuschauer
- Reporter: Interviewen der Zuschauer
- Gruftiekollektionen:
  - gruftietypische Kleidungsstücke und Accessoires, verbunden mit silberfarbenen Schmuckstücken
  - verschiedene Kleiderstile der Grufties, z. B. Romantik-Look, Erotik-Look[30]
  - Kleiderstile aus der Zeit der Gruftievorläufer, z. B. New Waver, Gothics[31]
  - auf das Erscheinungsbild der Grufties hin umgestaltete Kleidungsstücke und Accessoires, z. B. alte Schuhe, die mit Hilfe schwarzer Stoffreste und weißer Watte gruftietypisch verfremdet wurden
  - von den Schülerinnen und Schülern selbst gefertigte und gestaltete Kleidungsstücke und Accessoires im Gruftiestil, z. B. Totenkopftuch, T-Shirt mit Spinnennetz (s. Kleidungsstücke und Accessoires im Gruftiestil, Kap. 11)
  - von den Schülerinnen und Schülern selbst kreierte und hergestellte Kleider zu einem speziellen Thema, beispielsweise unter dem Motto „Brautmode der Grufties“

9. Verpflegungsgruppe

- schwarzes Geschirr, schwarze Preistafel (mit Verzierungen im Gruftiestil)
- schwarze und blutrote Getränke, z. B. Kirsch-, Trauben-, Johannisbeer-, Holundersaft, Cola
- Gebäck in gruftietypischen Formen und Farben, z. B. Kuchen in Form von Kreuzen, Schokokekse in Form von Särgen oder Blutstropfen (Zartbitterschokolade, Marmelade), Fledermausgebäck (Abb. 1–3)

[30] Zu den Kleiderstilen der Grufties vgl. Schmidt/Janalik 2000, S. 50 f. u. 54 ff.
[31] Zu den Vorläufern der Grufties vgl. Schmidt/Janalik 2000, S. 42 ff.

Abb. 1 Fledermausschablone

Abb. 2 Gebackene Fledermaus

Fledermaus-Gebäck

Für den Teig:

Zutaten		Arbeitsschritte
3	Eiweiß	• Steif schlagen (ca. 5 Min.)
200 g	Zucker	• Nach und nach einrühren (weitere 5 Min)
100 g	geriebene Zartbitterschokolade	• In die Eischneemasse rühren und zu einem festen Teig kneten
375 g	gemahlene Mandeln	
1/2 TL	gemahlener Ingwer	

Fledermäuse formen:

Den Teig auf einem Backpapier (in der Größe eines Backbleches) 1/2 cm dick ausrollen, die ausgeschnittene Fledermausschablone auflegen und mit einem Messer umfahren. Den letzten Schritt möglichst oft so ausführen, dass zwischen den Fledermäusen wenig Abstand bleibt. Den Restteig zwischen den Fledermäusen entfernen. (Will man die Fledermäuse später aufhängen und benötigt dafür Löcher, drückt man an der dafür vorgesehenen Stelle eine Mandel oder eine Haselnuss in den Teig. Diese wird nach dem Backen entfernt. Zurück bleibt ein Loch für das Aufhängeband.) Das Backpapier auf das Backblech schieben und bei 160 Grad 30 Minuten backen.

Fledermäuse verzieren:

Für das Verzieren der Fledermäuse gibt es mehrere Möglichkeiten:

- Vollständig mit Schokoladenguss überziehen
- Darauf zusätzlich Schokostreusel streuen (Haare)
- Will man das Gesicht und die Flügelknochen aufmalen, wird der flüssige Schokoguss in einen Plastikbeutel gefüllt. Nun wird eine Ecke davon abgeschnitten (darf nur ein kleines Loch sein), so dass der Guss in einem feinen Strahl auslaufen kann.

Abb. 3 Rezept Fledermaus-Gebäck

11. Kleidungsstücke und Accessoires im Gruftiestil – Herstellen, Gestalten, Umgestalten

Die Grufties tragen recht ausgefallene, vom Mainstream deutlich abweichende Kleidungsstücke und Accessoires[32], die sie per Versandkatalog oder in einschlägigen Szeneshops vor Ort einkaufen.

Um die Schülerinnen und Schüler einen hand-lungsorientierten Einblick in gruftietypische Kleidungsstücke und Accessoires gewinnen zu lassen, bietet sich das Herstellen, Gestalten oder auch Umgestalten eines Kleidungsstückes oder eines Accessoires im Gruftiestil an. Die didaktische Bandbreite reicht dabei von der bloßen Rekonstruktion eines gruftietypischen Kleidungsstückes oder Accessoires bis zum – durchaus im modeschöpferischen[33] und damit auch im eigentlichen fachspezifischen Sinne – Aufgreifen des Gruftielooks bei der Herstellung, Gestaltung oder Umgestaltung eines aktuellen Kleidungsstiles oder Accessoires.

Da ein moderner Mode- und Textilunterricht[34] vor allem in seinem „Praxis"-Teil individuumsorientiert und differenziert erfolgen muss, wird in diesem Kapitel eine „Gruftiekollektion", d. h. eine Palette möglicher fachpraktischer Gegenstände zur Erschließung des Themenkreises „Kleidungsstücke und Accessoires der Grufties" vorgestellt, aus der jeder Schüler und jede Schülerin „seinen" bzw. „ihren" Gegenstand auswählen kann, beispielsweise durch Ankreuzen (Tab. 1).

Da außerdem für einen modernen Mode- und Textilunterricht die enge Verbindung von „Theorie" und „Praxis" unverzichtbar ist, diese Theorie-Praxis-Einheit aber bisher in der fachspezifischen Literatur noch kaum Beachtung findet, wird im Folgenden die genannte „Gruftiekollektion" inhaltlich sehr weit gefasst und breit gefächert. Dadurch soll deutlich werden, in welcher Vielfalt das „praktische" Arbeiten an einen übergeordneten „theoretischen" Themenkomplex – in unserem Falle an „Die Schwarze Mode der Grufties" – gebunden werden kann.

Und da schließlich ein moderner Mode- und Textilunterricht auch in seinem „Praxis"-Teil dem Prinzip des Elementaren und Fundamentalen verpflichtet ist, war ein vertretbarer Zeitaufwand[35] ein wesentliches Kriterium bei der Auswahl der einzelnen, für die „Gruftiekollektion" didaktisch relevanten Gegenstände.

Zur „Gruftiekollektion", d. h. zur Herstellung, Gestaltung und Umgestaltung von Kleidungsstücken und Accessoires im Gruftiestil werden folgende didaktische Bausteine ausgewiesen:

---

[32] Zu Kleidungsstücken und Accessoires der Grufties vgl. Schmidt/Janalik 2000, S. 54ff. u. S. 92ff.

[33] Zum Aufgreifen des Goth-Looks durch den Modeschöpfer John Galliano vgl. Schmidt/Janalik 2000, S. 49.

[34] Zu einem modernen Mode- und Textilunterricht vgl. Schmidt 2000, S. 113ff.

[35] So wurde beispielsweise ein optisch sehr ansprechender Fledermausrucksack nicht in die Kollektion einbezogen, da seine Herstellung und Gestaltung 720 Minuten beanspruchte.

1. Kleidungsstücke/T-Shirts
2. Schmuck
3. Kopfbedeckungen/Tücher
4. Bänder
5. Taschen
6. Anhänger
7. Haarschmuck

Beschreibt der erste Baustein die Umgestaltung eines aktuellen Kleidungsstückes im gruftietypischen Look, so beinhalten die Bausteine 2–7 die entsprechende Herstellung und Gestaltung von Accessoires.

Alle diese Bausteine enthalten Arbeitsanleitungen, mit denen jede Schülerin und jeder Schüler selbstständig und weitgehendst ohne Lehrerhilfe in der Form von Freiarbeit „ihr“ bzw. „sein“ individuelles Kleidungsstück oder Accessoire im Gruftielook umgestalten oder herstellen und gestalten kann.

Die Arbeitsanleitungen sind zwar überwiegend an 8./9. Haupt- und Realschulklassen erprobt. Dennoch wird es gelegentlich im Blick auf spezifische Klassensituationen und individuelle Schülerinnen- und Schülerkonstellationen notwendig sein, die Anleitungen durch die Lehrkraft zu ergänzen. Beispielsweise kann durch den zusätzlichen Medieneinsatz in Form von Zeichnungen oder Bildern von fertigen Gegenständen aber auch durch Werkproben das Abstraktionsniveau der Arbeitsanleitungen gesenkt werden.

Zudem ist es erforderlich, die Arbeitsanleitungen auf DIN A4-Format zu vergrößern, um die in ihnen enthaltenen Schnitte in der richtigen Größe zu erhalten.

Die nachstehende Tabelle zeigt alle Gegenstände der „Gruftiekollektion“ im Überblick (Tab. 1). Die dort angegebenen Werte (Zeitaufwand, Kosten, Schwierigkeitsgrad) sind als Circa-Werte aufzufassen. Sie haben sich aus der Erprobung ergeben.

An einer Schule hat es sich übrigens recht gut bewährt, dass die Schülerinnen und Schüler das oftmals nicht einfach zu beschaffende Material selbst besorgen mussten.[36] Wenn dies nicht gelang, mussten sie selbstständig eine angemessene Lösung suchen und finden.[37]

Insgesamt kann, wie die Rückmeldungen aus der Erprobungsphase belegen, von einer durchweg hohen Motivation nicht nur auf Seiten der Schülerinnen und Schülern, sondern auch auf Seiten der Lehrkräfte ausgegangen werden.

[36] Diesen Hinweis verdanken wir der Lehrerin Leyla Towliati.

[37] So hat beispielsweise die Schülerin Zuhal Ülger für ihre Samttasche keine Plastikspinne und keine Spitze auftreiben können und stattdessen einen Käfer und einen ihr angemessen erscheinenden „Spitzenersatz“ gewählt (vgl. Kapitel 11.5, Abb. 3).

Tab. 1. „Gruftiekollektion“

Gegenstand	Zeiaufwand (min.)	Kosten (DM)	Schwierigkeitsgrad
Kleidungsstücke 1. T-Shirt mit Fledermausdruck	70	20,00	niedrig
2. Spinnennetz-T-Shirt mit Plüschspinne	180	22,00	mittel
3. Spinnennetz-T-Shirt mit Lackspinne	180	22,00	mittel/hoch
Schmuck 4. Perlenspinne	75	1,20	mittel
5. Perlenknochenhand	45	1,00	niedrig
6. Perlenfledermaus	110	1,80	hoch
Kopfbedeckungen/Tücher 7. Kopftuch mit Spinnennetzmotiv	180	9,00	mittel
8. Kopftuch mit Totenkopfmotiv	180	7,00	niedrig
9. Kopftuch mit Fledermausmotiv	180	7,00	niedrig
Bänder 10. Hals- oder Armband mit Klettverschluss	15	2,00	niedrig
11. Samthalsband mit Rosette	30	3,50	niedrig
12. Samthalsband mit Schleife und Perle	40	2,70	mittel
13. Spitzenhalsband mit Schlupf	55	1,50	mittel
14. Lederband mit Nieten	90	4,00	mittel
15. Lackband mit Pailletten und Federn	30	1,50	niedrig
16. Satinband mit Paillettenschnur	90	2,20	niedrig
17. Perlenband mit Totenkopfmotiv	180	2,00	niedrig
18. Nylon-Tatoo mit Perlen	210	2,50	mittel

Taschen 19. Samtbeutel mit Perlenstickerei	150	10.50	niedrig
20. Samtbeutel mit Paillettenstickerei	150	10,00	niedrig
21. Samtbeutel mit Spiegelstickerei	270	10,00	mittel
22. Samttasche mit Fledermaus	185	20,00	mittel/hoch
23. Samttasche mit Spinnennetz	235	23,00	hoch
24. Gürteltasche mit Spinnennetz	165	10,00	hoch
25. Umhängetasche aus Plüsch mit Lackfledermaus	270	29,00	sehr hoch
Anhänger 26. Fledermausschlüsselanhänger aus Lack	45	2,00	niedrig
27. Fledermausschlüsselanhänger aus Leder	45	2,00	niedrig
28. Fledermausschlüsselanhänger aus Samt	60	3,00	mittel
Haarschmuck 29. Haarrosette (Haarnadel)	45	1,20	niedrig
30. Haarrosette (Haargummi)	45	1,70	niedrig/mittel
31. Haarrosette (Haarspange)	45	2,00	mittel
32. Haarring aus Samt	45	3,00	sehr niederig
33. Haarring aus Leder	45	1,50	sehr niedrig
34. Haarring aus Spitze	45	2,50	sehr niedrig
35. Haarring aus Stoff mit Paillettenschnur	60	3,50	niedrig

Die nachstehenden bausteinübergreifenden Lernziele geben einen Überblick über die didaktische Bandbreite des Herstellens, Gestaltens und Umgestaltens von Kleidungsstücken und Accessoires im Gruftielook.

Lernziele (Kleidungsstücke)

Die Schülerinnen und Schüler sollen

⇛ ein aktuelles Kleidungsstück im Gruftiestil umgestalten

⇛ ein aktuelles Kleidungsstück
- durch eine flächengliedernde textile Technik umgestalten
- mit gruftietypischen Motiven umgestalten
- mit gruftietypischem Material umgestalten
- in einem gruftietypischen Farbkontrast umgestalten

Lernziele (Accessoires)

Die Schülerinnen und Schüler sollen

⇛ ein gruftietypisches oder ein aktuelles Accessoire herstellen und im Gruftiestil gestalten

⇛ ein gruftietypisches oder ein aktuelles Accessoire
- durch eine flächenverarbeitende oder flächenbildende textile Technik herstellen
- aus gruftietypischem oder aktuellem Material anfertigen
- in einer gruftietypischen oder aktuellen Form gestalten
- durch eine flächengliedernde textile Technik gestalten
- mit gruftietypischen Motiven gestalten
- mit gruftietypischem Material gestalten
- mit einer gruftietypischen Farbe oder einem gruftietypischen Farbkontrast gestalten

11.1 Kleidungsstücke / T-Shirts

Vorbemerkungen

Zur Umgestaltung eines aktuellen Kleidungsstückes im Gruftielook bietet sich als Gegenstand das im Regelfall von jeder Schülerin und jedem Schüler gerne getragene T-Shirt an.

Arbeitsanleitungen (Mat.):

1. T-Shirt mit Fledermausdruck
2. Spinnennetz-T-Shirt

Abb. 1 T-Shirt mit Fledermausdruck, Ayla Atasay, Klasse 9b, Sonnenbergschule (Hauptschule), Aidlingen; Lehrerinnen: Sabine Lalla und Leyla Towliati

Das Umgestalten eines T-Shirts erfolgt bei der ersten Arbeitsanleitung durch Aufdrucken des Fledermausmotivs und bei der zweiten Arbeitsanleitung durch Aufmalen des Spinnennetzmotivs. Hier kann zusätzlich eine schwarze Lack- oder Plüschspinne appliziert werden.

Lernziele

Die Schülerinnen und Schüler sollen

⇛ ein aktuelles Kleidungsstück im Gruftielook umgestalten

⇛ ein schwarzes T-Shirt mit dem gruftietypischen Fledermaus- oder Spinnennetzmotiv umgestalten

⇛ ein schwarzes T-Shirt durch Bedrucken mit silberner oder Bemalen mit weißer Stoffdruckfarbe im gruftietypischen Schwarz-Silber- oder Schwarz-Weiß-Kontrast umgestalten

⇛ ein Spinnennetz-T-Shirt durch Applikation einer schwarzen Lack- oder Plüschspinne mit der Nähmaschine gruftietypisch ausgestalten

T-Shirt mit Fledermausdruck

Material:

- schwarzes T-Shirt (mit oder ohne Ärmel oder ein schwarz gefärbtes Unterhemd)
- Stofffarbe (z. B. DEKA – Metallic-Silber)
- stabiles Plastik (z. B. Papierschutzhüllen)
- Plastiktüte

Werkzeuge:

- spitze Schere
- Stecknadeln
- Teppichmesser
- wasserfester Folienstift
- Plastikfolie
- Schaumstoffwalze
- Kunststoffbrett
- Bügeleisen
- Bügelbrett

Motiv:

Arbeitsanleitung:

1. Schneide das Fledermausmotiv mit der Schere aus. Schneide die Augen mit dem Teppichmesser heraus. Übertrage das Motiv mit dem Folienstift auf das Plastik (am besten mehrmals, dann musst du nachher nicht ständig das Motiv versetzen).
   Tipp: Entwirf dein eigenes Fledermausmotiv.
2. Schneide die Plastikmotive aus, das sind deine Schablonen.
3. Lege die Plastiktüte in das T-Shirt, damit nachher beim Farbdruck keine Farbe auf die Rückseite des T-Shirts kommt.

4. Überlege dir, wie du die Fledermäuse auf dem T-Shirt anordnen möchtest. Du hast mehrere Möglichkeiten:
   - die Fledermäuse fliegen über die ganze Fläche
   - die Fledermäuse fliegen geordnet in einer Reihe von unten nach oben
   - aus einer Fledermausschar sind einige schon weggeflogen.
5. Stecke die Schablonen mit Stecknadeln entsprechend deinem Muster fest.
6. Überziehe das Kunststoffbrettchen mit Plastikfolie und tropfe eine kleine Menge Farbe darauf.
7. Walze deine Schaumstoffwalze so lange in der Farbe, bis die Walze ganz mit Farbe bedeckt ist.
8. Rolle die Walze jetzt über die Schablonen und vollende so dein Muster.
9. Nimm die Schablonen wieder ab und lasse die Farbe trocknen.
10. Fixiere die Farbe nach dem Trocknen mit dem Bügeleisen. Beachte dazu die Anweisungen auf dem Farbglas.

Spinnennetz-T-Shirt

Material:

- gewaschenes schwarzes T – Shirt
- Stofffarbe (z. B. DEKA – Metallic – Silber)
- schwarzer Lack oder Plüsch (ca. 15 x 15 cm groß)
- schwarzes Nähgarn
- Reihgarn

Werkzeuge:

- Nähmaschine
- Stecknadeln
- weiße Schneiderkreide
- heller wasserlöslicher Stift
- Nähnadel
- Stoffschere
- Tesafilm
- Bügeleisen
- Bügelbrett

Motiv:

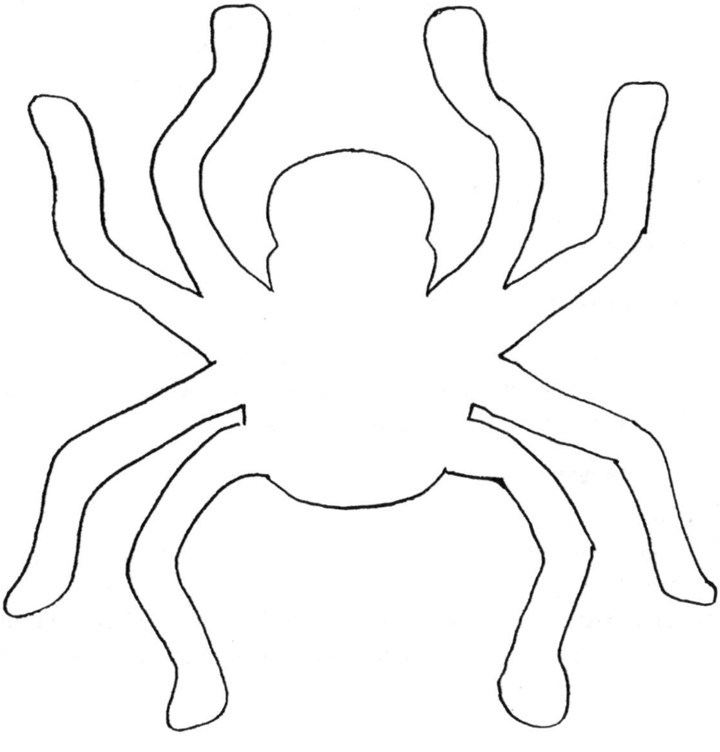

Arbeitsanleitung:

1. Überlege dir, ob du das Spinnennetzmuster auf der Vorder- oder Rückseite deines T-Shirts haben möchtest.
2. Zeichne dann ganz leicht mit Schneiderkreide ein Spinnennetz über die ganze T-Shirt-Seite auf.
3. Nimm Farbe auf den Pinsel auf und zeichne das Spinnennetz auf das T-Shirt.
4. Lege das T-Shirt zum Trocknen beiseite und schneide das Spinnenmotiv aus. *Tipp:* Entwirf dein eigenes Spinnenmotiv.
5. Entscheide, ob deine Spinne aus Lack oder Plüsch sein soll. Übertrage dann das Motiv auf dein gewähltes Material (mit Schneiderkreide auf den Plüsch und mit hellem, wasserlöslichem Stift auf den Lack) und schneide das Motiv aus.
6. Fixiere die Farbe auf dem T-Shirt mit dem Bügeleisen. Beachte dazu die Anweisungen auf dem Farbglas.
7. Setze die Spinne auf das Spinnennetz:
   - setzt du sie in die Mitte, wirkt sie zufrieden und satt
   - setzt du sie weiter nach außen an den Netzrand, wirkt sie angriffslustig und hungrig.
8. *Für die Plüschspinne:* Stecke die Spinne mit Stecknadeln auf die von dir gewählte Stelle des Spinnennetzes. Hefte die Spinne mit Reihgarn fest und entferne die Stecknadeln. Steppe die Spinne mit der Nähmaschine auf das T-Shirt. Achte darauf, dass du nur eine Stofflage unter der Nadel hast. Entferne das Reihgarn.

   Für die Lackspinne: Klebe die Spinne mit Tesafilm auf die von dir gewählte Stelle des Spinnennetzes auf. Steppe die Spinne mit der Nähmaschine fest. Entferne den Tesafilm.

11.2 Schmuck

Vorbemerkungen

Zur Herstellung und Gestaltung eines gruftietypischen Schmuckstückes durch eine aktuelle flächenbildende Technik werden als Gegenstand der Anhänger und als Technik das Perlenauffädeln gewählt.

Arbeitsanleitungen (Mat.):

1. Perlenspinne
2. Perlenknochenhand
3. Perlenfledermaus

Bei der ersten Arbeitsanleitung steht das Auffädeln von Perlen in Form einer Spinne, bei der zweiten in Form einer Knochenhand und bei der dritten in Form einer Fledermaus im Mittelpunkt.

Lernziele

Die Schülerinnen und Schüler sollen

⇛ ein gruftietypisches Accessoire durch eine aktuelle flächenbildende Technik herstellen und im Gruftiestil gestalten

⇛ einen Schmuckanhänger in der gruftietypischen Spinnen-Knochen- oder Fledermausform durch Perlenauffädeln herstellen

⇛ einen Schmuckanhänger mit silberfarbenen und schwarzen Perlen oder mit silberfarbenen Perlen im gruftietypischen Schwarz-Silber-Kontrast oder mit der gruftietypischen Kontrastfarbe Silber einfarbig gestalten

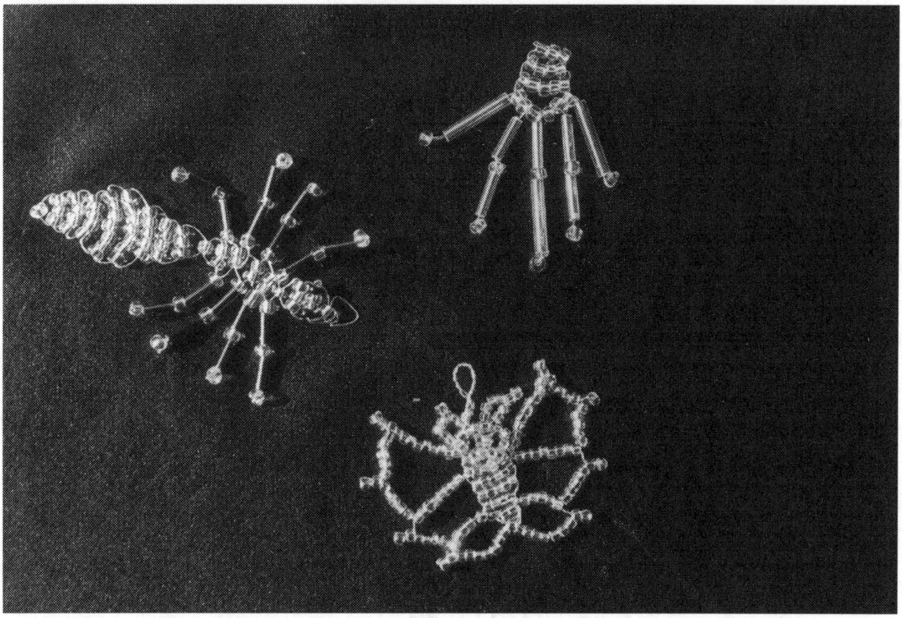

Abb. 1 Perlenspinne, Daniela Henn, Perlenknochenhand, Serap Isik, beide Klasse 9a, Humboldtschule (Hauptschule), Mannheim; Lehrerin: Heidrun Back-Vondung und Perlenfledermaus, Nadine Henning, Klasse 6b, Draisschule (Grund- und Hauptschule), Karlsruhe; Lehrerin: Tanja Hertweck

Materialien (Arbeitsanleitungen)

Perlenspinne

Material:

- 1 m Silberdraht
- 70 silberfarbene Rocailleperlen (Ø 2,6 mm)
- 16 anthrazitfarbene Stiftperlen
- 2 schwarze Rocailleperlen

Werkzeug:

- Maßband
- Schere
- evtl. Pinzette

Schemazeichnung:

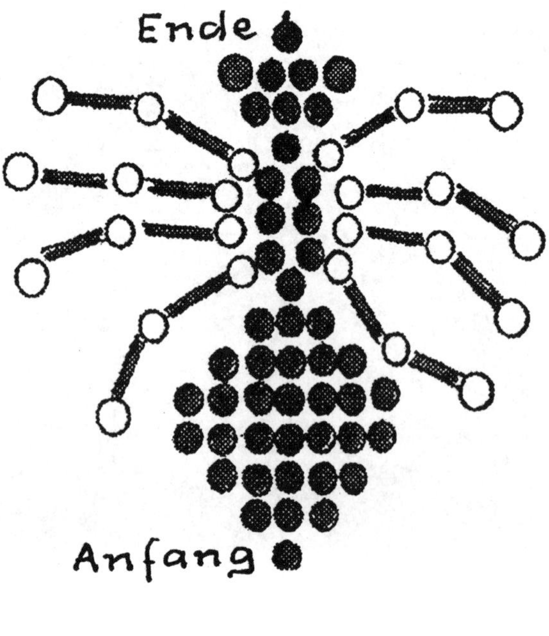

Wichtig: Der Draht darf beim Verarbeiten niemals Schlingen bilden. Sie werden beim Festziehen zu Knicken und führen schon bald zu Bruchstellen. Schlingen deshalb immer vor dem Anziehen des Drahtes bogenförmig aufdrehen.

Arbeitsanleitung:

Damit die Perlen zu einer Figur werden, müssen sie miteinander verbunden werden. Das Prinzip ist recht einfach:

1. Bestimme durch Falten die Mitte des Drahtes und fixiere sie mit einem Knick.
2. Fädle 1 silberne Perle auf und schiebe sie in den Knick.

3. Fädle 3 weitere silberne Perlen auf.
4. Fädle nun das zweite Drahtende entgegengesetzt durch die 3 Perlen.

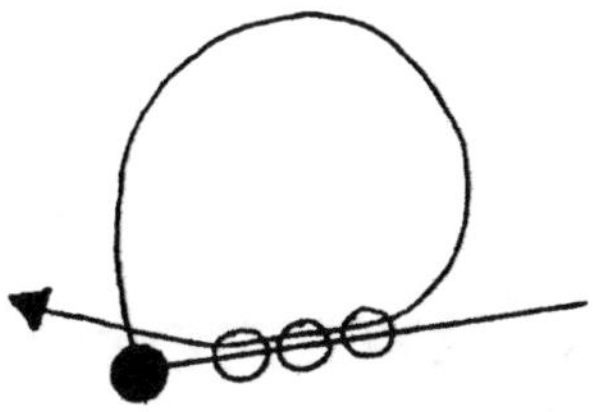

5. Halte die Perle im Knick fest und ziehe so lange an den Drahtenden, bis die 3 Perlen über der Perle im Knick sitzen.

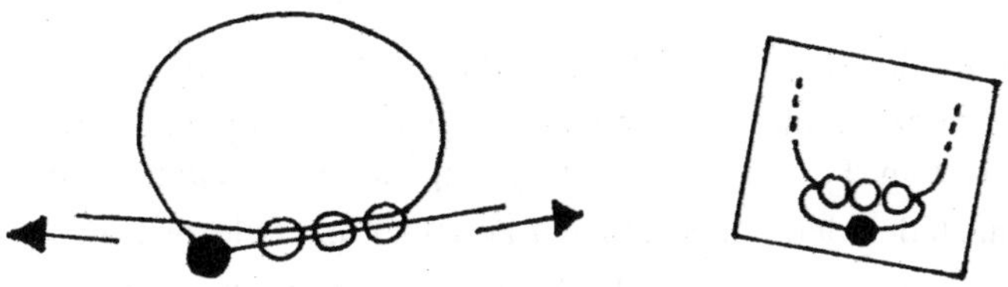

6. Fädle auf eines der Drahtenden nun wieder die Anzahl der Perlen auf, die die nächste Reihe bilden. Wie viele das sind, ersiehst du aus der Schemazeichnung.
7. Mit der einzelnen Perle in der Mitte der Schemazeichnung hast du das Hinterteil der Spinne fertiggestellt. Fädle nun 2 Perlen auf und befestige sie wie bisher.
8. Fädle nun für das erste Bein auf das eine Drahtende 1 Perle, 1 Stiftperle, 1 Perle, 1 Stiftperle und noch 1 Perle auf.

9. Ziehe den Draht außen um die letzte Perle und durch die anderen Beinperlen zurück. Ziehe die Perlen fest an den Körper an.

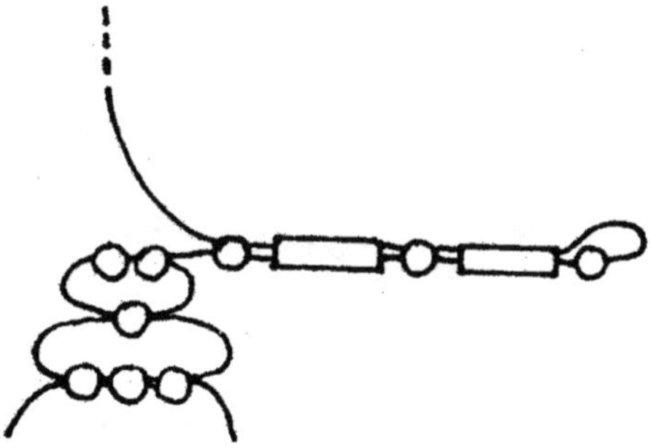

10. Fertige auf der anderen Seite das nächste Bein genauso.
11. Fädle jetzt erst 2 Körperperlen auf, befestige sie und füge an diese wiederum 1 Beinpaar an. Fertige insgesamt 4 Beinpaare nach dem gleichen Prinzip.
12. Fädle nach dem letzten Beinpaar 1 Perle auf und befestige sie.
13. Fädle für den Kopf nun eine Reihe mit 3 Perlen auf und befestige sie.
14. In der nächsten Reihe sitzen die Augen. Fädle dazu 1 Augenperle, 2 Körperperlen und wieder 1 Augenperle auf und befestige sie.
15. Fädle zum Schluß 1 Perle auf, befestige sie und verdrehe zum Fixieren die Drahtenden.
16. Biege mit dem Restdraht eine Schlaufe, ziehe die Drahtenden durch 3 bis 4 Perlen zurück und schneide die Drahtenden ab.

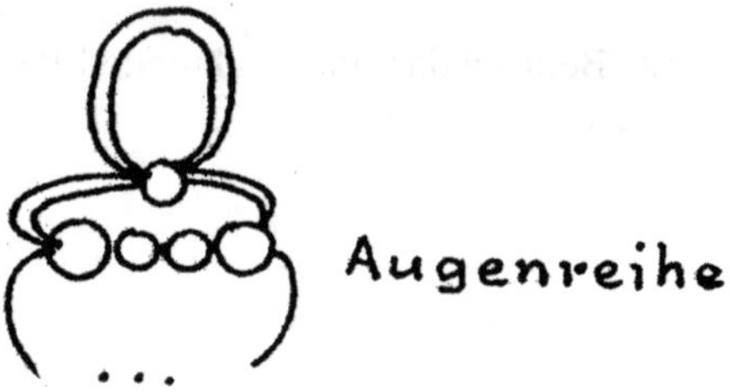

Perlenknochenhand

Material:

- 50 cm Silberdraht
- 25 silberfarbene Rocailleperlen (Ø 2,6 mm)
- 3 silberfarbene Stiftperlen (1,5 cm lang)
- 5 silberfarbene Stiftperlen (1 cm lang)

Werkzeug:

- Maßband
- Schere
- evtl. Pinzette

Schemazeichnung:

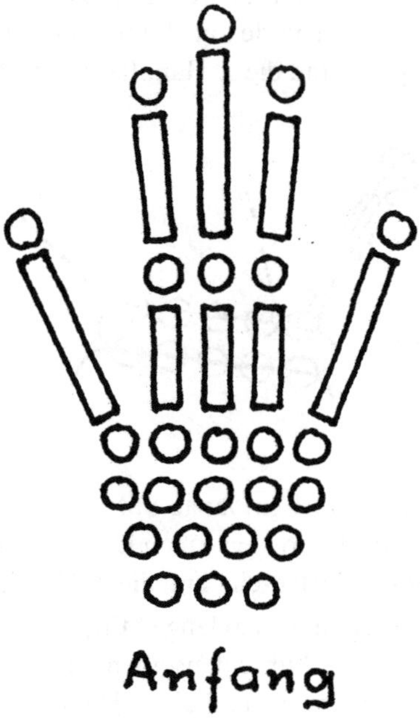

Wichtig: Der Draht darf beim Verarbeiten niemals Schlingen bilden. Sie werden beim Festziehen zu Knicken und führen schon bald zu Bruchstellen. Schlingen deshalb immer vor dem Anziehen des Drahtes bogenförmig aufdrehen.

Arbeitsanleitung:

1. Bestimme durch Falten die Mitte des Drahtes und fixiere sie mit einem Knick.
2. Fädle 3 silberne Perlen auf und schiebe sie von einer Seite her in den Knick.
3. Fädle nun das zweite Drahtende entgegengesetzt durch die 3 Perlen und ziehe es fest.

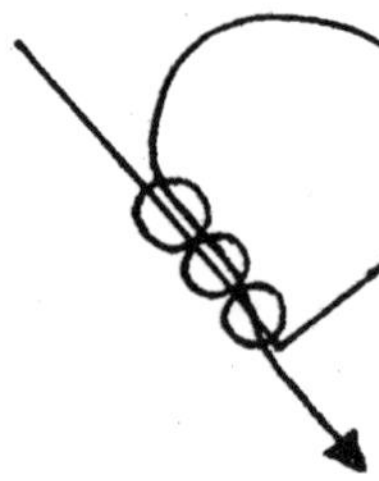

4. Fädle auf eines der Drahtenden nun wieder die Anzahl der Perlen auf, die die nächste Reihe bilden. Wieviele das sind, ersiehst du aus der Schemazeichnung.
5. Hast du die 4. Reihe fertiggestellt, befestige jetzt die Finger. Fädle dafür eine 1,5 cm lange Stiftperle und 1 Perle auf. Führe denselben Draht um die Perle herum durch die Stiftperle und die 1. Handflächenperle zurück.

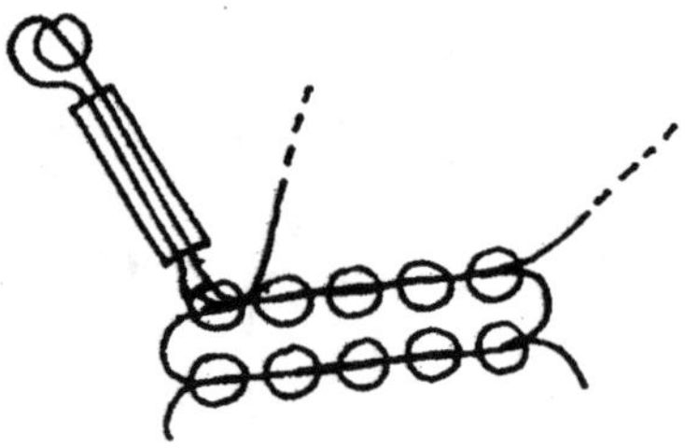

6. Fädle für den 2. Finger eine 1 cm lange Stiftperle, 1 Perle, eine 1 cm lange Stiftperle und 1 Perle auf. Führe denselben Draht wieder um die äußere Perle herum durch die anderen Perlenteile und die 2. Handflächenperle zurück.
7. Fädle für den Mittelfinger eine 1 cm lange Stiftperle, 1 Perle, eine 1,5 cm lange Stiftperle und 1 Perle auf. Führe denselben Draht um die äußere Perle herum durch die anderen Perlenteile und die 3. Handflächenperle zurück.
8. Lasse diesen Draht hier hängen.
9. Knüpfe die 2 restlichen Finger mit dem anderen Draht von außen heran (wie bei 5. und 6. beschrieben).
10. Führe die beiden Drahtenden durch die Perlen, die die Handfläche bilden, zur mittleren Perle der 1. Reihe zurück.
11. Biege mit dem Restdraht eine Schlaufe. Ziehe die Drahtenden durch 3 bis 4 Perlen zurück und schneide die Drahtenden ab.

Perlenfledermaus

Material:

- 130 cm Silberdraht
- silberfarbene Rocailleperlen (Ø 2,6 mm)
- 2 schwarze Rocailleperlen für die Augen (Ø 2,6 mm)

Werkzeug:

- Maßband
- Schere
- evtl. Pinzette

Schemazeichnung:

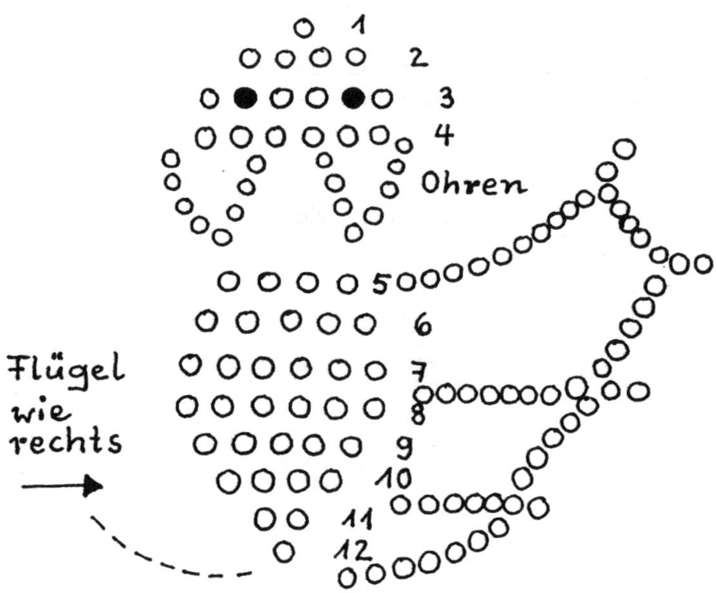

Wichtig: Der Draht darf beim Verarbeiten niemals Schlingen bilden. Sie werden beim Festziehen zu Knicken und führen schon bald zu Bruchstellen. Schlingen deshalb immer vor dem Anziehen des Drahtes bogenförmig aufdrehen.

Arbeitsanleitung:

1. Bestimme durch Falten die Mitte des Drahtes und fixiere sie mit einem Knick.
2. Fädle 1 silberne Perle auf und schiebe sie in den Knick. Fädle das zweite Drahtende entgegengesetzt durch die Perle. Ziehe den Draht fest, aber nicht zu fest. Er kann reißen.

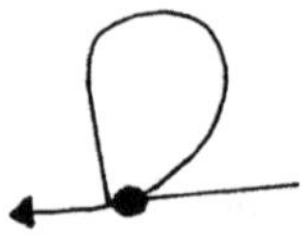

3. Fädle 4 Perlen auf und befestige sie genauso.
4. In der nächsten Reihe sitzen die Augen. Fädle dafür 1 silberne Perle, 1 schwarze, 2 silberne, 1 schwarze und 1 silberne Perle auf und befestige sie.
5. Fädle für die nächste Reihe 6 Perlen auf und befestige sie.
6. Jetzt kommen die Ohren. Schlinge das linke Drahtende zwischen der 3. und 4. Perlenreihe um den linken Drahtbogen und ziehe den Draht fest.

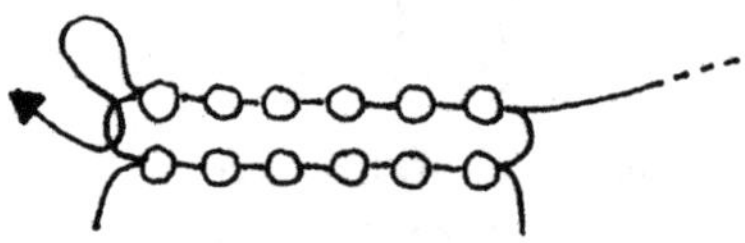

7. Fädle auf diesen Draht 6 Perlen auf und ziehe denselben Draht um die letzte Perle herum durch die zweitletzte Perle zurück.

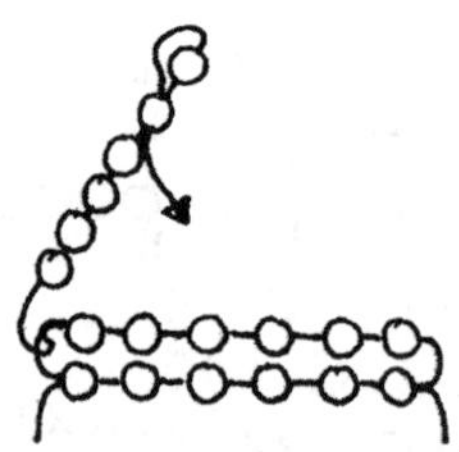

8. Fädle 2 Perlen auf und führe den Draht durch die 2 mittleren Perlen der oberen Kopfreihe zurück.

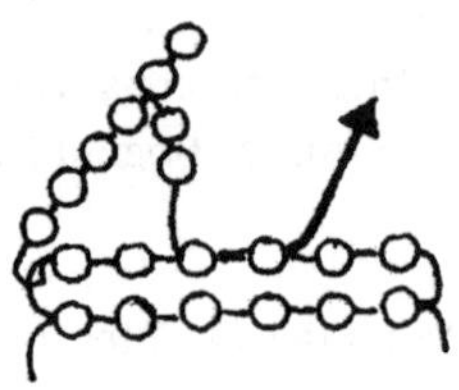

9. Fädle 4 Perlen auf und ziehe den Draht um die letzte Perle herum durch die zweitletzte Perle zurück.

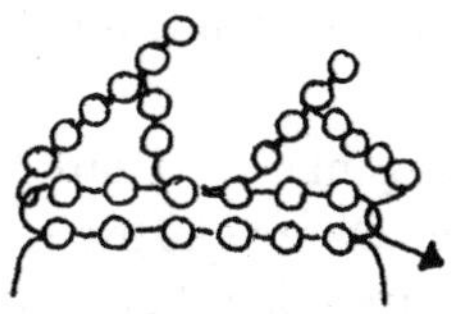

10. Fädle 4 Perlen auf und schlinge den Draht zwischen der 3. und 4. Perlenreihe um den rechten Drahtbogen. Ziehe den Draht fest.

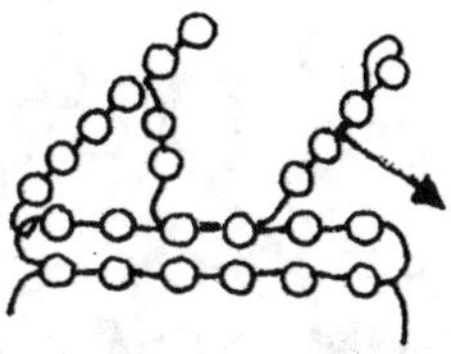

11. Ziehe das nicht für die Ohren benutzte Drahtende durch die Augenreihe zurück, damit wieder auf jeder Seite des Kopfes ein Drahtende ist.
12. Fertige jetzt den Körper. Wieviele Perlen du pro Reihe dafür brauchst, ersiehst du aus der Schemazeichnung (Reihe 5–12).
13. Schließe die Flügel an die letzte Körperreihe an. Fertige mit dem linken Drahtende den linken Flügel und mit dem rechten Drahtende den rechten Flügel.
14. Fädle auf das eine Drahtende 9 Perlen auf. Führe den Draht um die letzte Perle herum durch die zweitletzte Perle zurück.
15. Fädle 5 Perlen auf und schlinge den Draht zwischen der 10. und 11. Perlenreihe um den entsprechenden Drahtbogen. Ziehe den Draht fest und führe ihn durch die 5 Perlen zurück.
16. Schlinge den Drahtfaden (Restdraht) unterhalb der zweitletzten Perle von außen um den Draht, ziehe ihn fest und biege ihn nach oben.

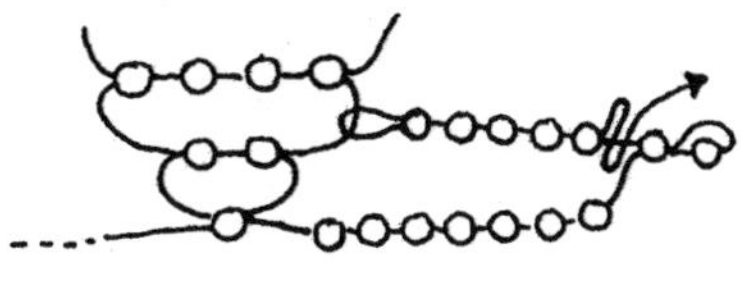

17. Fertige die weiteren Teile des Flügelgerüsts wie bei 15. und 16. beschrieben (Perlenanzahl in der Schemazeichnung).

18. Befestige die oberste Reihe des Flügelgerüstes (10 Perlen) nicht wie die anderen Teile, sondern ziehe das Drahtende durch die 5. Perlenreihe zurück fest. Lasse das Drahtende hängen.
19. Fertige den rechten Flügel genau so. Führe beide Drahtenden durch einige Kopfperlen hindurch zu den Ohren und drehe die Drahtenden zu einer Schlinge. Kürze zum Drehen einer Schlinge beide Drahtenden auf ca. 5 cm und verzwirble davon 4 cm. Biege den Draht zu einer Schlinge und lege ihn zwischen die unverzwirbelten Drahtenden. Verzwirble nun den Restdraht zur Befestigung der Schlinge.

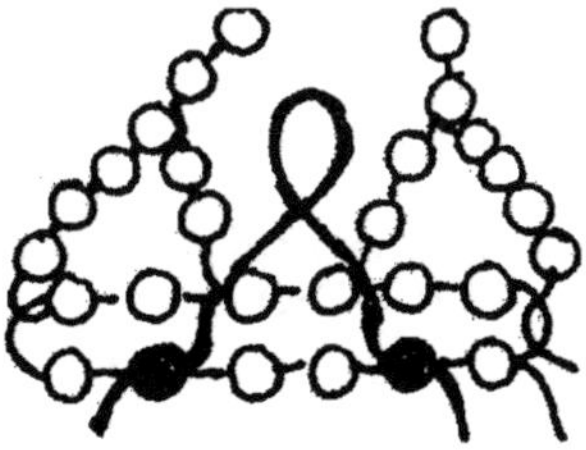

11.3 Kopfbedeckungen/Tücher

Vorbemerkungen

Zur Herstellung und Gestaltung einer gruftietypischen Kopfbedeckung bzw. eines gruftietypischen Tuches wird als Gegenstand das Kopftuch und als Form die aktuelle Quadratform vorgeschlagen.

Arbeitsanleitung (Mat.):

Kopftuch mit Spinnennetz-, Totenkopf- oder Fledermausmotiv

Die Arbeitsanleitung beinhaltet die Herstellung eines Kopftuches und seine Gestaltung mit drei alternativen Motiven und flächengliedernden Techniken, nämlich erstens mit dem Spinnennetzmotiv und der Batiktechnik, zweitens mit dem Totenkopfmotiv und der Drucktechnik und drittens mit dem Fledermausmotiv und der Aufstupf- oder Aufwalztechnik.

Lernziele

Die Schülerinnen und Schüler sollen

⇛ ein gruftietypisches Accessoire in einer aktuellen Form herstellen und im Gruftielook gestalten

⇛ ein quadratisches Kopftuch mit der Nähmaschine nähen

⇛ ein quadratisches Kopftuch mit dem für Gruftietücher typischen Spinnennetz-, Totenkopf- oder Fledermausmotiv gestalten

⇛ ein quadratisches weißes Kopftuch durch Batiken mit schwarzer Batikfarbe oder ein quadratisches schwarzes Kopftuch durch Bedrucken oder Aufstupfen bzw. Aufwalzen von weißer Stoffdruckfarbe im gruftietypischen Schwarz-Weiß-Kontrast gestalten

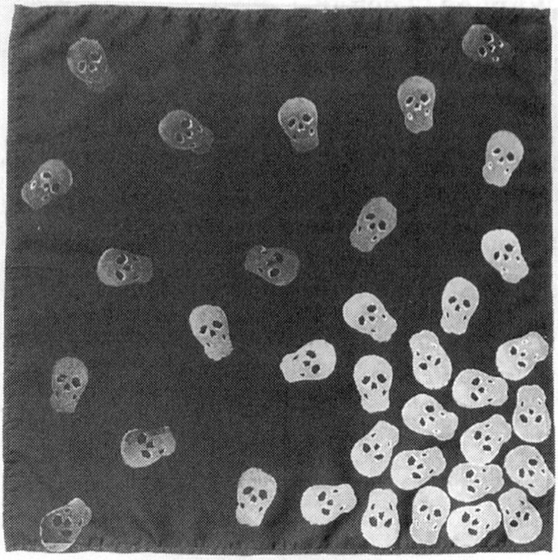

Abb. 1 Kopftuch mit Totenkopfmotiv, Patrizia Preissler, Tutorin, Pädagogische Hochschule Heidelberg

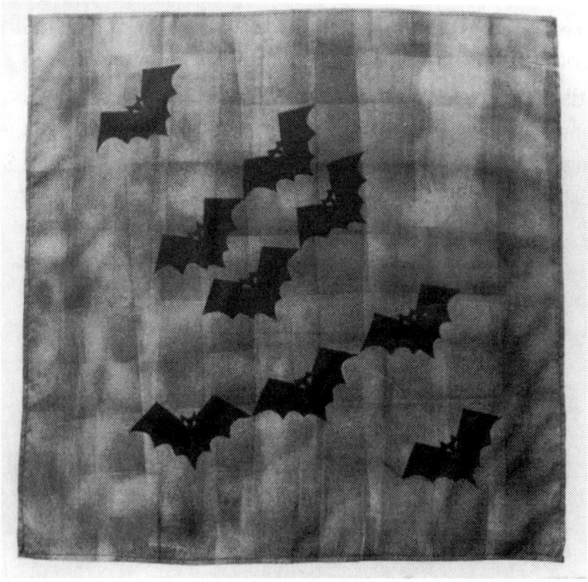

Abb. 2 Kopftuch mit Fledermausmotiv, Brigitte Holzhausen, Oberstudienrätin, Pädagogische Hochschule Heidelberg

Materialien (Arbeitsanleitungen)

Kopftuch mit Spinnennetz-, Totenkopf oder Fledermausmotiv

Material:

- Reihgarn
- Zeitungspapier

für Spinnennetzmotiv:

- weißer gewaschener Baumwollstoff (50 × 50 cm)
- weißer oder schwarzer Nähfaden
- Batikwachs
- Papier (50 × 50 cm)
- schwarze Batikfarbe

für Totenkopfmotiv:

- schwarzer gewaschener Futterstoff (50 × 50 cm)
- schwarzer Nähfaden
- 1 Holzklötzchen (Größe richtet sich je nach Motiv)
- Moosgummi (Größe richtet sich je nach Motiv)
- weiße Stoffdruckfarbe (z. B. DEKA-Perm)
- Pattexkleber

für Fledermausmotiv:

- schwarzer gewaschener Futterstoff (50 × 50 cm)
- schwarzer Nähfaden
- Karton
- weiße Stoffmalfarbe (z. B. DEKA-Perm)

Werkzeuge:

- Nähmaschine
- Maßband
- Stecknadeln
- Nähnadel
- Schere
- Bügeleisen
- Bügelbrett

für Spinnennetzmotiv:

- dicker schwarzer Stift
- Tjan Ting (Gerät zum Auftragen des Batikwachses)
- Gefäß für Batikfarbe

für Totenkopfmotiv:

- Pinsel

für Fledermausmotiv:

- Stupfpinsel (oder Schaumstoffwalze und Kunststoffbrettchen)

Arbeitsanleitung:

Kopftuch:

1. Schlage alle vier Kanten je 0,5 cm doppelt auf die linke Stoffseite um.
   Tipp: Bügle jeden Umschlag um, dann geht es leichter.
2. Stecke die Umschläge mit Stecknadeln fest. Hefte die festgesteckten Umschläge mit Reihgarn. Entferne die Stecknadeln und steppe die Umschläge mit der Nähmaschine mittig fest. Entferne das Reihgarn.

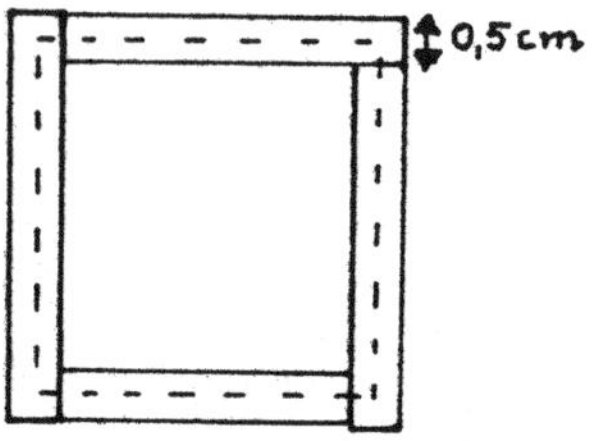

Spinnennetzmotiv:

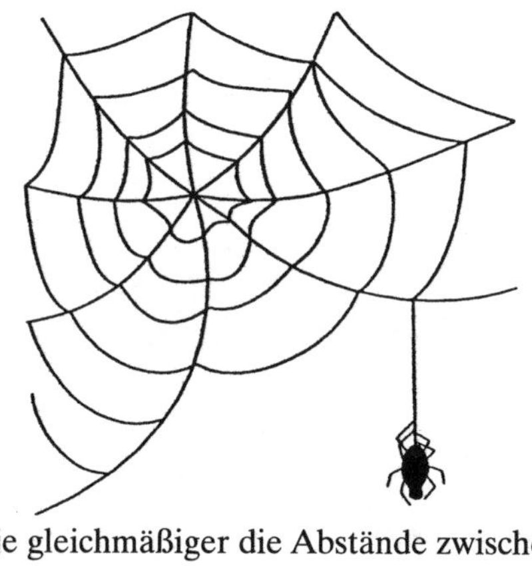

1. Zeichne ein Spinnennetz (mit oder ohne Spinne) oder ein spinnennetzartiges Muster (mit oder ohne Spinne) mit dickem schwarzem Stift auf ein Papier in der Größe des Kopftuches.

   Beachte dabei folgendes:

   - je gleichmäßiger die Abstände zwischen den Spinnfäden sind, desto ruhiger und unauffälliger wirkt das Spinnennetz
   - je unterschiedlicher die Abstände zwischen den Spinnenfäden sind, desto interessanter und spannender wirkt dein Spinnennetz
2. Decke deinen Arbeitstisch mit Zeitungspapier ab.
3. Lege deine Spinnennetzzeichnung unter dein Kopftuch und zeichne mit dem Tjan Ting das Muster auf. Fülle immer wieder heißes Batikwachs nach.
4. Warte bis das Batikwachs angetrocknet ist und gib das Tuch dann in den Behälter mit der Batikfarbe, die von deiner Lehrerin bereits angesetzt wurde.

5. Lasse das Tuch entsprechend der angegebenen Einwirkzeit im Behälter.
6. Nimm das Kopftuch aus dem Behälter und lasse es trocknen.
7. Lege dann dick Zeitungspapier auf das Bügelbrett. Lege darauf das Kopftuch und darauf wieder Zeitungspapier.
8. Bügle nun mit dem heißen Bügeleisen über das Zeitungspapier, dann löst sich das Wachs aus dem Kopftuch. *Achtung:* das Zeitungspapier ist schnell vollgesogen, du musst es oft gegen neues Zeitungspapier austauschen.
9. Wasche das Kopftuch oder lasse es in der Waschmaschine waschen.

Totenkopfmotiv:

1. Schneide dir ein oder mehrere Totenkopfmotive aus und übertrage sie auf das Moosgummi. Schneide die Augen, Nasenlöcher und Knochen des Totenkopfes aus, damit sie beim Druck sichtbar werden.

   Tipp: Entwirf dein eigenes Totenkopfmotiv.
2. Streiche etwas Pattexkleber auf eine Seite des Moosgummis und auf die große Fläche des Holzklötzchens. Drücke die beiden mit Klebstoff eingestrichenen Flächen fest aufeinander. Jetzt hast du einen bzw. mehrere Stempel.
3. Überlege dir jetzt, wie du dein Kopftuch gestalten möchtest.

   Du hast mehrere Möglichkeiten:
   - die Köpfe liegen in einer Reihe am Rand nebeneinander
   - die Köpfe rollen über die Fläche
   - die Köpfe rollen über die Fläche und häufen sich an der beim Tragen des Kopftuches sichtbaren Spitze auf

Beachte bei deinem Musterentwurf zusätzlich:

- nicht alle Stellen werden beim Tragen des Tuches gleich gut gesehen
- male daher dein Muster auf ein Stück Papier in der Größe deines Kopftuches und probiere aus, wie dein Muster beim Tragen wirkt

4. Decke deinen Arbeitstisch mit Zeitungspapier ab.
5. Wenn du dich für ein Muster entschieden hast, trage die Stoffmalfarbe mit einem Pinsel dünn auf deinen Stempel auf und drucke dein (gewünschtes) Muster.
6. Fixiere die Farbe nach dem Trocknen mit dem Bügeleisen. Beachte dann die Angaben auf der Stoffmalfarbe.

Fledermausmotiv:

1. Zeichne (ein oder) mehrere Fledermausmotive auf den Karton und schneide sie aus. Das sind deine Schablonen.
2. Überlege dir jetzt, wie du dein Kopftuch gestalten möchtest. Du hast mehrere Möglichkeiten:
   - aus einer Fledermausschar sind einige schon weggeflogen
   - eine Fledermaus fliegt los und die anderen folgen ihr wild durcheinander oder geordnet
   - alle Fledermäuse bilden zusammen wiederum eine Fledermausform

Beachte bei deinem Musterentwurf zusätzlich:

- nicht alle Stellen werden beim Tragen des Tuches gleich gut gesehen
- male daher dein Muster auf ein Stück Papier in der Große deines Kopftuches und probiere aus, wie dein Muster beim Tragen wirkt

3. Decke deinen Arbeitstisch mit Zeitungspapier ab.
4. Lege die Schablonen in deinem gewünschten Muster auf das Kopftuch.
5. *Für den Farbenauftrag mit dem Stupfpinsel:* Nimm wenig Farbe auf den Stupfpinsel auf, halte die Schablone fest und stupfe ringsum die Farbe auf. Verfahre so mit jeder Schablone, bis dein Muster fertig ist.

   Für den Farbauftrag mit der Schaumstoffwalze: Überziehe das Kunststoffbrettchen mit Plastikfolie und tropfe eine kleine Menge Farbe darauf. Walze deine Schaumstoffwalze so lange in der Farbe, bis die Walze ganz mit Farbe bedeckt ist. Rolle die Walze jetzt über die Schablonen und vollende so dein Muster.
6. Nimm die Schablone wieder ab und lasse die Farbe trocknen.
7. Beachte dann die Anweisungen auf der Stoffmalfarbe. Fixiere die Farbe nach dem Trocknen mit dem Bügeleisen.

11.4 Bänder

Vorbemerkungen

Zur Herstellung und Gestaltung eines aktuellen Bandes im Gruftiestil bietet sich als Gegenstand ein Hals- oder Armband an.

Arbeitsanleitungen (Mat.):

1. Hals- oder Armband mit Klettverschluss
2. Samthalsband mit Rosette oder Schleife
3. Spitzenhalsband mit Schlupf
4. Lederband mit Nieten
5. Lackband mit Pailletten und Federn
6. Satinband mit Paillettenschnur
7. Perlenband mit Totenkopfmotiv
8. Nylontatoo mit Perlen

Die erste Anleitung beschreibt das Nähen eines Hals- oder Armbandes mit Klettverschluss. Sie fungiert gewissermaßen als „Grundarbeitsanleitung" und muss den Schülerinnen und Schülern bei den Arbeitsanleitungen 2, 5 und 6 zusätzlich zur Verfügung gestellt werden.

Die Arbeitsanleitungen 2–5 beziehen sich auf das Nähen von Bändern aus gruftietypischem Material (Samt, Spitze, Leder, Lack oder Satin) und die Arbeitsanleitungen 6–7 auf das Weben oder Knoten von Bändern aus aktuellem Material (Perlen oder Nylon).

Lernziele

Die Schülerinnen und Schüler sollen

⇛ ein aktuelles Accessoire herstellen und im Gruftiestil gestalten

- zu Stoff-, Spitzen- und Lederbänder

  ⇛ aus den gruftietypischen Materialien schwarzer Samt, schwarze Spitze, schwarzes Leder, schwarzer Lack oder schwarzer Stoff ein aktuelles Hals- oder Armband durch Kleben oder Annähen von Haken und Ösen herstellen

- zu Samthalsband mit Rosette

  ⇛ ein schwarzes Samthalsband durch Herstellen und Aufnähen einer Rosette aus dem gruftietypischen Material schwarze Spitze gestalten

- zu Samthalsband mit Schleife und Perle

  ⇛ ein schwarzes Samthalsband durch Herstellen und Aufnähen einer Schleife aus dem gruftietypischen Material Samt sowie durch Aufnähen einer weißen, silberfarbenen oder weinroten Perle im gruftietypischen Schwarz-Weiß-, Schwarz-Silber- oder Schwarz-Blutrot-Kontrast gestalten

- zu Spitzenhalsband mit Schlupf

  ⇛ ein schwarzes Spitzenhalsband durch Binden und Aufnähen eines weinroten Schlupfes im gruftietypischem Schwarz-Blutrot-Kontrast gestalten

- zu Lederband mit Nieten

  ⇛ ein schwarzes Lederhals- oder -armband durch Einstanzen von silberfarbenen Nieten im gruftietypischen Schwarz-Silber-Kontrast gestalten

- zu Lackband mit Pailletten und Federn

  ⇛ ein schwarzes Lackhals- oder -armband durch Aufkleben von schwarzen oder silberfarbenen Pailletten und Paillettenschnüren sowie von schwarzen Federn in der gruftietypischen Grundfarbe Schwarz oder im gruftietypischen Schwarz-Silber-Kontrast gestalten

- zu Satinband mit Paillettenschnur

  ⇛ ein schwarzes Satinhals- oder -armband durch Aufnähen einer schwarzen oder silberfarbenen Paillettenschnur in der gruftietypischen Grundfarbe Schwarz oder im gruftietypischen Schwarz-Silber-Kontrast gestalten

- zu Perlen- und Nylonbänder

  ⇛ aus dem aktuellen Material Perlen oder Nylon ein Arm- oder Halsband im Gruftielook durch Perlenweben oder Knoten herstellen

- zu Perlenarmband mit Totenkopfmotiven

  ⇛ mit schwarzen Perlen ein Armband weben und dieses durch Einweben von gruftietypischen Totenkopfmotiven mit weißen Perlen im gruftietypischen Schwarz-Weiß-Kontrast gestalten

- zu Nylon-Tatoo mit Perlen

  ⇛ mit schwarzen Nylonfäden ein Arm- oder Halsband knoten und dieses durch Einknoten von silberfarbenen Perlen im gruftietypischen Schwarz-Silber-Kontrast gestalten

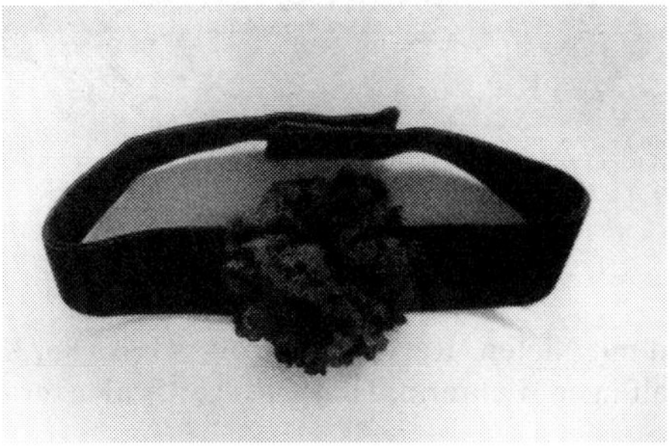

Abb. 1 Samthalsband mit Rosette, Tulay Alegun und Jennifer Brust, Klasse 8a, Minnebergschule (Hauptschule), Mosbach-Neckargerach; Lehrerin: Tina Roth

Abb. 2 Samthalsband mit Schleife und Perle, Uwe Diederich, Klasse 8a, Minnebergschule (Hauptschule), Mosbach-Neckargerach; Lehrerin: Tina Roth

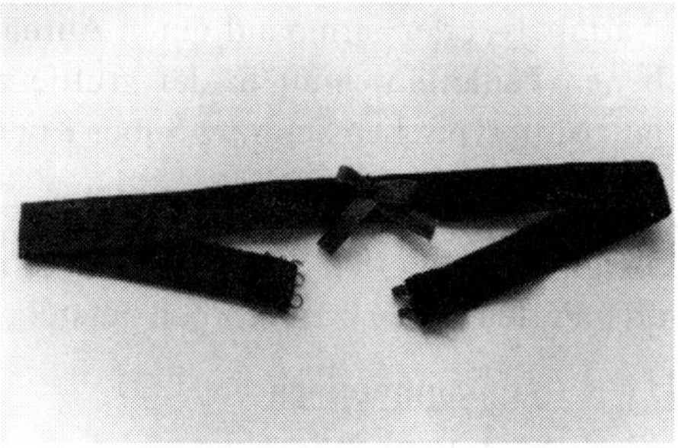

Abb. 3 Spitzenhalsband mit Schlupf, Julia Stigmann, Klasse 8a, Minnebergschule (Hauptschule), Mosbach-Neckargerach; Lehrerin: Tina Roth

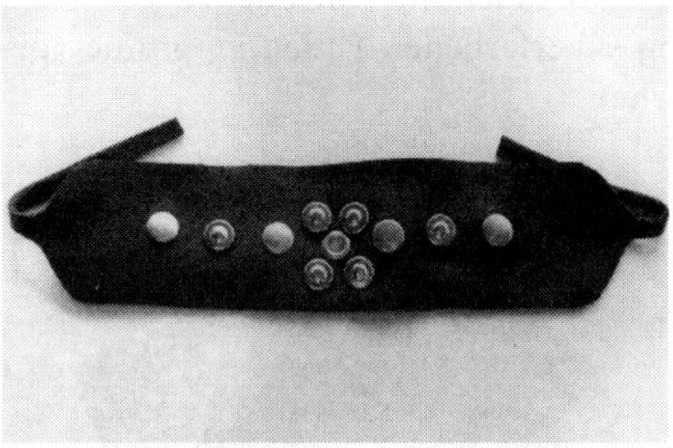

Abb. 4 Lederarmband mit Nieten, Regina Odinzow, Klasse 8b, Karl-Keßler-Realschule, Aalen-Wasseralfingen; Lehrerin: Heike Rieger-Schlenkermann

Materialien (Arbeitsanleitungen)

Hals- oder Armband mit Klettverschluss

Material:

- schwarzes Stoffband (z. B. 3 cm breit)
- schwarzes Klettband (z. B. 3 cm breit)
- schwarzes Nähgarn

Werkzeuge:

- Nähnadel
- Schere
- Maßband
- Schneiderkreide

Arbeitsanleitung:

1. Messe mit dem Maßband deine Halsweite (oder den Umfang deines Handgelenks). Am besten klappt es, wenn dir jemand hilft, die Weite abzulesen.
2. Zähle zu deiner gemessenen Halsweite (oder deinem gemessenen Handgelenksumfang) 5 cm dazu.
3. Schneide dir von dem Stoffband die Gesamtlänge ab.
4. Schneide von jeder Seite des Klettbandes (weiche und harte Klettseite) je 3 cm ab.

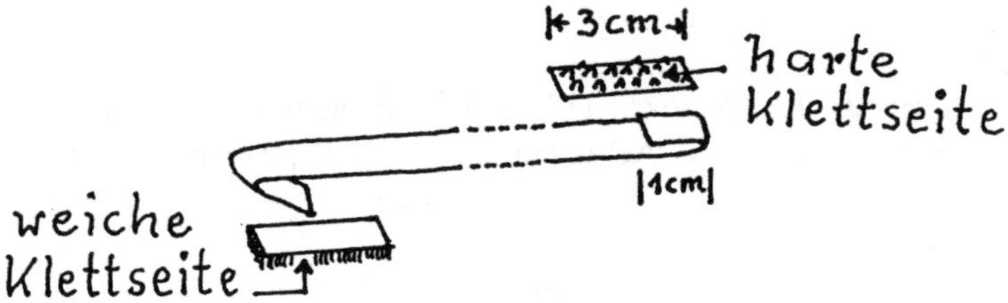

5. Schlage ein Ende des Stoffbandes 1 cm links auf links ein und klebe es mit Pattexkleber fest.
6. Klebe an diesem Ende die weiche Seite des Klettverschlusses mit Pattexkleber auf die linke Seite des Stoffbandes.
7. Schlage das andere Ende des Stoffbandes 1 cm rechts auf rechts ein und klebe es mit Pattexkleber fest. (Hinweis zu Pattexkleber beachten!!!)
8. Klebe an diesem Ende die weiche Seite des Klettverschlusses mit Pattexkleber auf die rechte Seite des Stoffbandes.

Hinweis:

Trage den Pattexkleber auf beide zu klebende Flächen dünn auf und lasse ihn kurz (bis die Oberfläche trocken ist) antrocknen.

Drücke dann die Flächen ganz fest zusammen und lasse den Kleber trocknen. Beachte beim Auftragen: Der Kleber zieht leicht Fäden, die man nachher auf dem Stoff sieht.

Samthalsband mit Rosette oder Schleife und Perle

Material:

- schwarzes Samtband (22 mm breit)
- Klettband (2 cm breit)
- 55 cm schwarze Polyesterspitze (2,5 cm breit)
- schwarzer Nähfaden
- Pattexkleber

für Rosette:

- 55 cm schwarze Polyesterspitze (2,5 cm breit)

für Schleife und Perle:

- schwarzes Samtband (9 mm breit)
- 1 Wachsperle

Werkzeuge:

- Nähnadel
- Schere
- Maßband

Arbeitsanleitung:

Fertige ein Samthalsband mit Klettverschluss und verziere es mit einer Rosette oder mit einer Schleife und Perle.

Rosette

1. Lege die Enden der Spitze ca. 1/2 cm übereinander und nähe die Enden fest. Verknote die Fadenenden. Achte darauf, dass die Spitze nicht verdreht ist.

2. Nähe mit einem ca. 70 cm langen Faden an der geraden Kante der Spitze entlang kleine Vorstiche im Abstand von ca. 1/2 cm. Lasse die Fadenenden hängen.

3. Halte die Fadenenden mit einer Hand fest und schiebe die Spitzen vorsichtig zusammen. *Vorsicht:* Der Faden kann reißen.

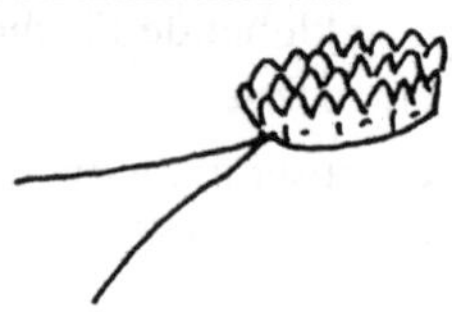

4. Achte darauf, dass die Spitze gleichmäßig im Kreis verteilt ist. Verknote dann die Enden der Fäden, schneide sie aber nocht **nicht** ab.
5. Fädle beide Fäden, die an der Rosette hängen, auf eine Nähnadel auf.
6. Bestimme die Mitte deines Halsbandes und nähe hier die Rosette auf. *Achtung:* Die Rosette muss ganz dicht an dem Halsband sein, damit sie fest sitzt und nicht wackelt.

Schleife

1. Schneide von dem schmalen Samtband 2 Streifen von je 6 cm ab.
2. Lege nun jedes dieser kleinen Bänder zu einem Kreis so zusammen, dass die linke Stoffseite in die Kreisinnenseite zeigt. Die Bandenden überschneiden sich ca. 1/2 cm. Nähe jeden Kreis an dieser Schnittstelle zusammen und verknote die Enden der Nähfäden.

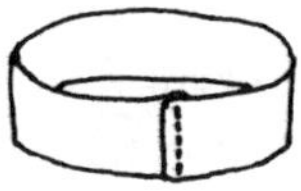

3. Drücke die kleinen Kreise etwas flach und lege sie dann so übereinander, dass sie eine Schleife bilden. Die Nähte dürfen nachher nicht sichtbar sein. Lege sie daher nach hinten.
4. Nähe die Schleife in der Mitte zusammen.

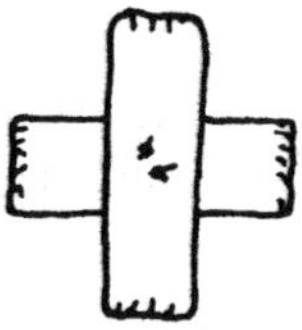

5. Nähe über den Stichen eine Perle fest. Lasse den Faden mit der Nadel auf der Rückseite hängen. Mit diesem Faden wird die Schleife dann auf das Halsband genäht.
6. Bestimme die Mitte deines Halsbandes und nähe die Schleife auf.

Spitzenhalsband mit Schlupf

Material:

- schwarze Spitze (1,5 cm breit)
- schwarzer Nähfaden
- 2 Haken und 2 Ösen
- 10 cm weinrotes Satinband (3 mm breit)
- weinroter Nähfaden

Werkzeuge:

- Maßband
- Nähnadel
- Schere

Arbeitsanleitung:

1. Messe mit dem Maßband deine Halsweite. Am besten klappt es, wenn dir jemand hilft, die Weite abzulesen.
2. Zähle zu deiner gemessenen Halsweite 2 cm dazu.
3. Schneide dir von der Spitze die Gesamtlänge ab.
4. Schlage beide Enden der Spitze je 1 cm um und nähe die Enden fest.

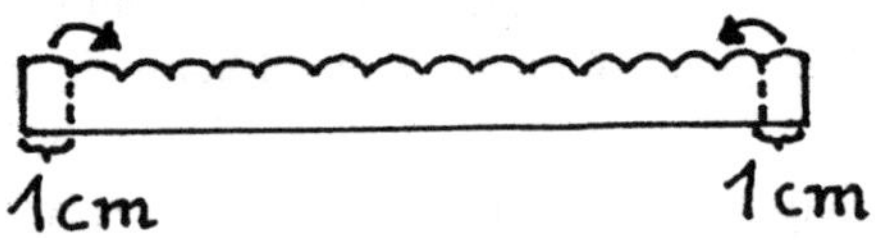

5. Nähe auf der Rückseite der Spitze an dem einen Ende die 2 Haken fest und am anderen Ende die 2 Ösen. Achte darauf, dass je ein Haken und eine Öse auf gleicher Höhe sind.
6. Binde aus dem Satinband einen schönen gleichmäßigen Schlupf.
7. Bestimme die Mitte des Halsbandes und entscheide dich, ob die gerade Seite der Spitze oben oder unten sein soll.
8. Nähe in der Mitte des Halsbandes den Schlupf auf.

Lederband mit Nieten

Material:

- schwarzes Leder (3 cm breit)
- silberfarbige Nieten (in verschiedenen Größen)

Werkzeuge:

- Maßband
- Schere
- Nietenzange
- weiße Schneiderkreide

Arbeitsanleitung:

1. Messe mit dem Maßband deine Halsweite (oder den Umfang deines Handgelenks). Am besten klappt es, wenn dir jemand hilft die Weite abzulesen.
2. Zähle zu deiner gemessenen Halsweite (oder deinem gemessenen Handgelenksumfang) 14 cm dazu.
3. Schneide dir vom Leder die Gesamtlänge ab.
4. Messe von beiden Enden her 7 cm ab und markiere diese Stellen.
5. Diese 7 cm – Abschnitte müssen verschmälert werden, da sie zum Schließen des Bandes dienen. Übertrage folgende Zeichnung auf dein Lederband und schneide es dann so zu:

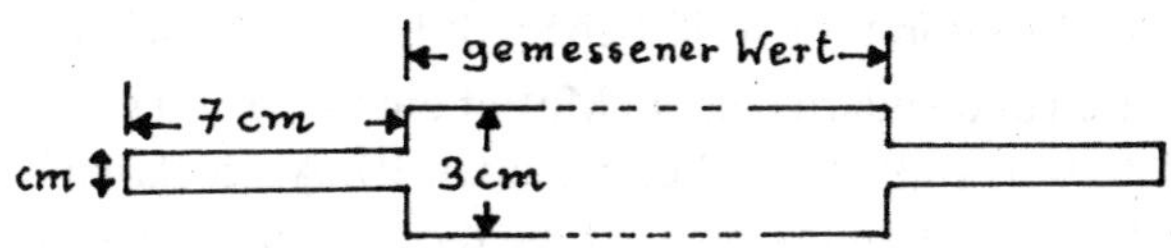

6. Überlege dir nun ein Muster, wie du die Nieten auf dem Lederband anordnen möchtest. Beachte dabei den Durchmesser der Nieten, damit du diese nicht zu nahe aneinandersetzt. Beachte zusätzlich, dass große Nieten mehr Fläche ausfüllen als kleine. Du hast mehrere Möglichkeiten:
   - ordne große Nieten in geraden oder Zickzack-Reihen an
   - reihe kleine Nieten zu einer Fläche.

   Zeiche dein Muster mit Schneiderkreide auf das Lederband auf.
7. Füge die Nieten mit der Nietenzange in das Leder. Stecke dazu beide Nietenteile auf die Nietenzange und drücke sie dann deinem Muster entsprechend auf dem Halsband zusammen.

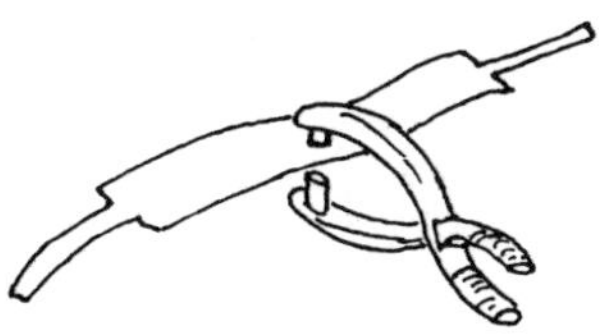

Lackband mit Pailletten und Federn

Material:

- schwarzer Lack (zuschneiden: 2,5 cm breit)
- schwarzes Klettband (2,5 cm breit)
- schwarze und silberne Pailletten
- schwarze Zierfedern
- Pattexkleber

Werkzeuge:

- Schere
- Maßband
- wasserlöslicher weißer Stift

Arbeitsanleitung:

1. Fertige ein Hals- oder Armband mit Klettverschluss aus Lack. Verziere dein Lackband mit Pailletten und Federn.
2. Überlege dir, wie du die Pailletten und Federn auf deinem Lackband anordnen möchtest. Du hast mehrere Möglichkeiten:
   - die Pailletten laufen in einer Reihe hintereinander oder sitzen gruppenweise zusammen
   - die Federn liegen oder stehen
   - Pailletten und Federn wechseln sich ab

   Zeichne dein Muster mit wasserlöslichem Stift auf das Lackband.
3. Klebe Pailletten und Federn deinem Muster entsprechend mit Pattexkleber auf das Band (Hinweis zu Pattexkleber beachten!!!). Achte darauf, dass du sie auf die richtige Seite des Bandes, also auf die rechte Seite aufklebst.

Satinband mit Paillettenschnur

Material:

- schwarzes Satinband (1 cm breit)
- schwarzes Klettband (1 cm breit)
- schwarze und silberne Paillettenschnur
- Pattexkleber oder schwarzes Nähgarn

Werkzeuge:

- Schere
- Maßband
- Schneiderkreide
- evtl. Nähmaschine

Arbeitsanleitung

1. Fertige ein Hals- oder Armband mit Klettverschluss aus Satin. Verziere dein Satinband mit Paillettenschnur.
2. Überlege dir, wie du die Paillettenschnüre auf deinem Satinband anordnen möchtest. Du hast mehrere Möglichkeiten:
   - die Paillettenschnüre laufen gerade über das Band
   - die Paillettenschnüre laufen in Wellen oder in entgegengesetzten Wellen über das Band

   Zeichne dein Muster mit Schneiderkreide auf das Satinband.
3. Schneide dir von der Paillettenschnur die Menge ab, die du brauchst und klebe sie deinem Muster entsprechend auf das Band (Hinweis zu Pattexkleber beachten!!!). Beachte dabei:
   - Klebe die Schnur auf die richtige Seite des Bandes, also auf die rechte Seite.
   - Achte noch vor dem Aufkleben darauf, dass alle Pailletten gleichmäßig in einer Richtung liegen.
   - Streiche jeweils etwas Pattexkleber auf die Schnur und das Band.
   - Du musst nicht die gesamte Paillettenschnur mit Kleber befestigen. Es reicht aus, wenn du sie an einigen Punkten festklebst. Das kommt natürlich auch ganz auf dein Muster an.

   Tipp: Du kannst die Paillettenschnur auch aufnähen.

Perlenband mit Totenkopfmotiv

Material:

- schwarzes, dünnes Baumwollgarn (ca. 6 m)
- schwarze und weiße, gleich große Rocailleperlen (Ø 1 mm)
- Nylonfaden (Ø 0,25 mm) (ca. 4 m)

Werkzeuge:

- Perlenwebrahmen
- Nähnadel (sehr dünn und lang)
- Schere

Schemazeichnung:

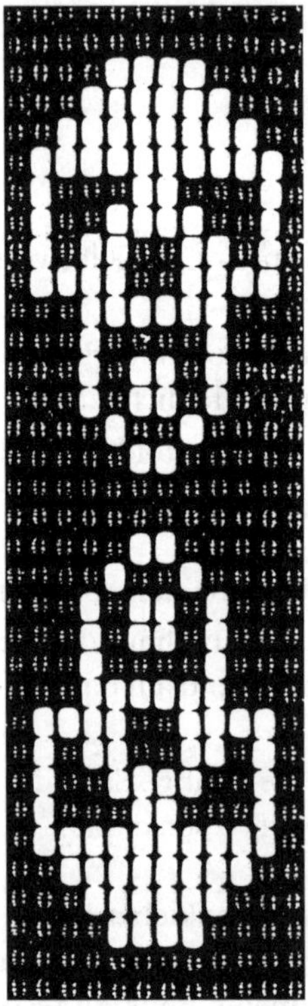

Arbeitsanleitung:

1. Nimm zum Bespannen des Webrahmen schwarzes Baumwollgarn und verknote den Anfang des Garns am Webrahmen. Bespanne insgesamt 13 Kerben. Bespanne die beiden äußeren Kerben doppelt und die 11 in der Mitte nur einfach. Führe also an der Außenseite das Baumwollgarn 2mal durch dieselbe Kerbe, dann jeweils 1mal durch die 11 folgenden Kerben und wieder 2mal durch die 13. Kerbe. Das sind deine Kettfäden. Verknote das Fadenende am Webrahmen.
2. Schneide dir ein langes Stück vom Nylonfaden ab und verknote das Ende oben an einem der äußeren Kettfäden.

3. Fädle das andere Ende des Nylonfadens in die Nadel.
4. In der Schemazeichnung siehst du, dass jede Reihe aus 12 Perlen besteht. Fädle für die 1. Reihe 12 schwarze Perlen auf die Nadel und schiebe sie dann ganz nach hinten auf den Nylonfaden.
5. Führe die Nadel unter den Kettfäden hindurch.
6. Drücke mit einem Finger die ganze Perlenreihe nach oben, so dass sich immer eine Perle und ein Kettfaden abwechseln.

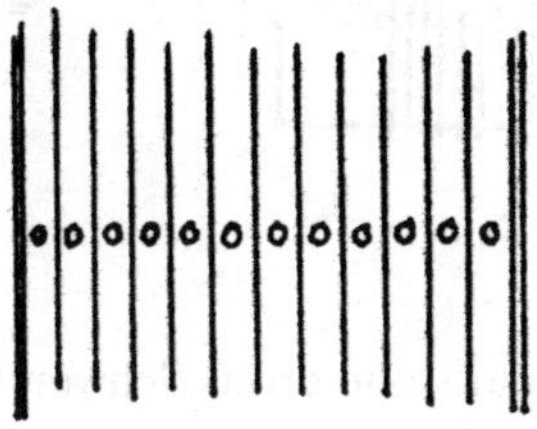

7. Führe jetzt die Nadel über den Kettfäden durch die Perlen zurück.

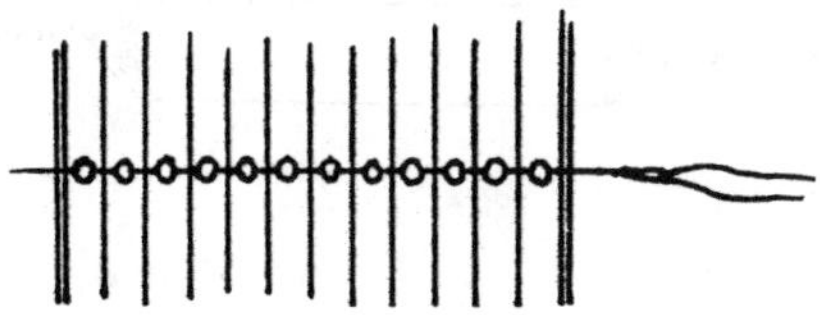

8. Nimm wieder 12 Perlen für die nächste Reihe auf und führe sie unter den Kettfäden hindurch und über den Kettfäden durch die Perlen zurück. So webst du das ganze Band. Wie du die Perlen für das Muster auffädeln musst, ersiehst du aus der Schemazeichnung.
9. Wenn dein Nylonfaden aufgebraucht ist, verknote ihn gut an den äußeren Kettfäden und verwahre ihn in den Perlen. Knote den neuen Nylonfaden ebenfalls an den äußeren Kettfäden fest und webe wie gewohnt weiter.
10. Ist das Band fertig gewebt, verknote den Nylonfaden an einem der mittleren Kettfäden und lasse das Ende hängen.

11. Schneide auf der Rückseite des Webrahmens die Fäden so durch, dass sie auf jeder Seite deines Perlenbandes gleich lang sind. Nimm ein Maßband zur Hilfe.

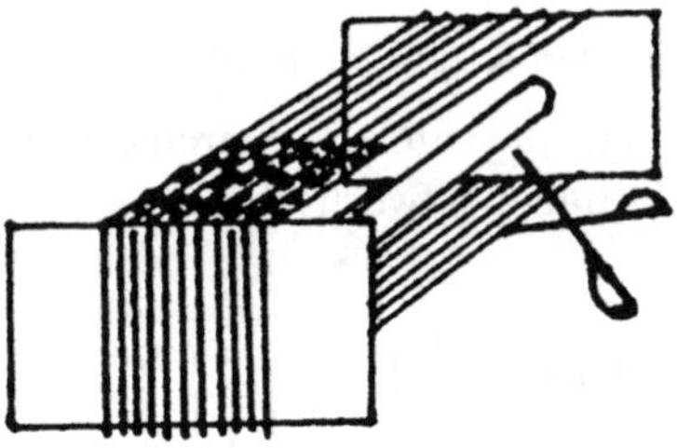

12. Lege das Band vor dich und stelle etwas Schweres darauf, dass es nicht verrutscht.
13. Teile die lose hängenden Kettfäden auf jeder Seite zu 3 Strängen auf und flechte mit diesen jeweils einen Zopf. Schließe den Zopf mit einem Knoten ab.

14. Du kannst das Perlenband als Armband, Halsband oder Fußband verwenden.

Nylon-Tattoo mit Perle

Material:

- schwarzer Nylonfaden (Ø 0,5 mm)
- 1 kleine silberne Perle
- evtl. weitere kleine silberne Perlen (beachte dazu Punkt 13)

Werkzeuge:

- Maßband
- Schere
- Schaschlikspieß
- Tesafilm
- Feuerzeug
- 1 Wäscheklammer

Arbeitsanleitung:

1. Überlege dir, wo du dein Nylon-Tattoo tragen möchtest: am Arm, Handgelenk, Hals, Fuß, Taille ...? Messe dann mit dem Maßband den Umfang des entsprechenden Körperteils.
2. Nimm diese Weite mal 5 und schneide dir die Gesamtlänge vom Nylonband ab.
3. Hänge den Faden, wie du es auf der Zeichnung siehst, so auf den Schaschlikspieß, dass die Fadenenden jeweils gleich lang sind.

4. Klebe den Schaschlikspieß mit Tesafilm auf deinem Arbeitstisch fest.
5. Knüpfe jetzt das Band mit Schlingknoten. Beachte dabei: Spanne den Nylonfaden während des Arbeitens durch leichten Zug, damit gleichmäßige Schlingen entstehen. Fixiere evtl. den jeweils letzten Knoten mit einer Wäscheklammer, damit die Knoten beim Loslassen der Fäden nicht wieder aufspringen.
6. Nimm den linken Faden. Lege ihn über den rechten und führe ihn unter diesem zurück. Schiebe den dadurch entstandenen Schlingknoten nach oben.

7. Nimm jetzt den rechten Faden. Lege ihn über den linken und führe ihn unter diesem zurück.

8. Als nächstes ist wieder der linke Faden dran und dann wieder der rechte. Knüpfe so lange die Schlingknoten, bis das Band die gewünschte Länge erreicht hat.
9. Schließe nun das Nylon-Tattoo: Schneide die Fadenenden bis auf 1 cm zurück. *Vorsicht:* Halte die Enden gut fest, damit die Knoten nicht aufgehen.
10. Lockere den Knoten, mit dem der Nylonfaden am Schaschlikspieß hängt und führe ein Fadenende durch diesen Knoten hindurch und das andere daran vorbei.

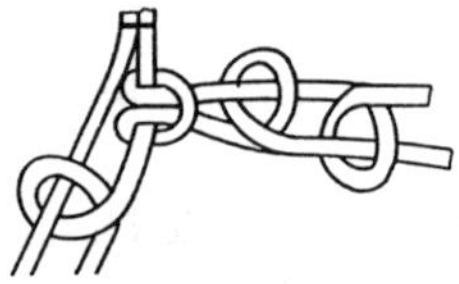

11. Fädle beide Fadenenden durch eine kleine Perle und schneide die Fadenenden bis auf einige Millimeter zurück.
12. Halte beide Fadenenden kurz in die Flamme eines Feuerzeugs, damit sie erhitzt werden. Presse sie dann mit Daumen und Zeigefinger fest zusammen.
13. Du kannst dein Nylon-Tattoo mit Perlen verzieren. Fädle dazu einfach eine Perle auf und achte darauf, dass sie beim Zuziehen des Schlingknotens an folgender Stelle sitzt:

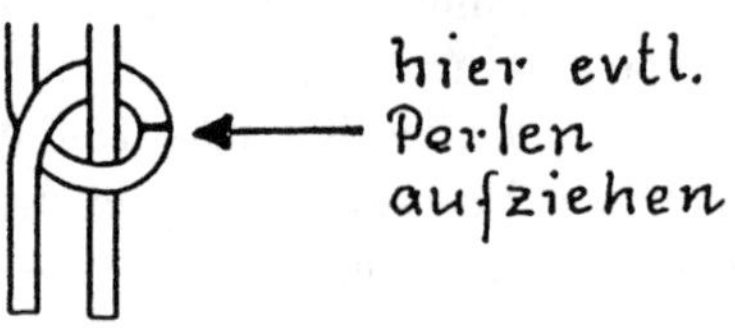

11.5 Taschen

Vorbemerkungen

Zur Herstellung und Gestaltung einer aktuellen Tasche im Gruftielook bietet sich als Gegenstand der Beutel, die Handtasche, die Gürteltasche oder die Umhängetasche an.

Arbeitsanleitungen (Mat.):

1. Samtbeutel mit Perlen, Pailletten oder Spiegeln
2. Samttasche mit Fledermaus oder Spinnennetz
3. Gürteltasche mit Spinnennetz
4. Umhängetasche aus Plüsch mit Fledermausmotiv

Die erste Arbeitsanleitung beinhaltet das Nähen eines Samtbeutels und seine Gestaltung mit drei alternativen Verzierungselementen bzw. Stickarten, nämlich mit der Perlen-, der Pailletten- oder der Spiegel-Stickerei.

In der zweiten Arbeitsanleitung wird das Nähen einer Samttasche mit Spitzenverzierung und ihre Gestaltung durch wahlweises Aufsticken des Fledermaus- oder des Spinnennetzmotivs beschrieben.

Die dritte Arbeitsanleitung verweist auf das Nähen einer Gürteltasche und ihre Gestaltung durch das Aufsticken des Spinnennetzmotivs. *Hinweis:* Bei dieser Arbeitsanleitung muss den Schülerinnen und Schülern die Grundarbeitsanleitung Aufsticken des Spinnennetzes zusätzlich zur Verfügung gestellt werden (siehe Arbeitsanleitung Samttasche mit Spinnenetz, S. 137).

Die vierte Arbeitsanleitung hat das Nähen einer Umhängetasche aus Plüsch und ihre Gestaltung durch Aufkleben einer Lackfledermaus zum Inhalt.

Lernziele

Die Schülerinnen und Schüler sollen

- ⇛ eine aktuelle Tasche herstellen und im Gruftiestil gestalten
- ⇛ aus den gruftietypischen Materialien schwarzer Samt, schwarzer Plüsch oder schwarzer Stoff einen Beutel, eine Handtasche, eine Gürteltasche oder eine Umhängetasche mit der Nähmaschine nähen

- <u>zu Samtbeutel mit Perlen, Pailletten oder Spiegeln</u>
  - ⇛ einen schwarzen Samtbeutel mit silberfarbener Perlen-, Pailletten- oder Spiegelstickerei im gruftietypischen Schwarz-Silber-Kontrast gestalten
- <u>zu Samttasche mit Fledermaus oder Spinnennetz</u>
  - ⇛ eine schwarze Samthandtasche durch Aufnähen des gruftietypischen Materials schwarze Spitze und durch Aufsticken des gruftietypischen Motivs Fledermaus oder Spinnennetz mit silberfarbenem Garn im gruftietypischen Schwarz-Silber-Kontrast gestalten

- zu Gürteltasche mit Spinnennetz
  ⇛ eine schwarze Gürteltasche durch Aufsticken des gruftietypischen Motivs Spinnennetz mit silberfarbenem Garn im gruftietypischen Schwarz-Silber-Kontrast gestalten
- zu Umhängetasche aus Plüsch mit Fledermausmotiv
  ⇛ eine schwarze Plüschumhängetasche durch Aufkleben einer gruftietypischen schwarzen Lackfledermaus gestalten

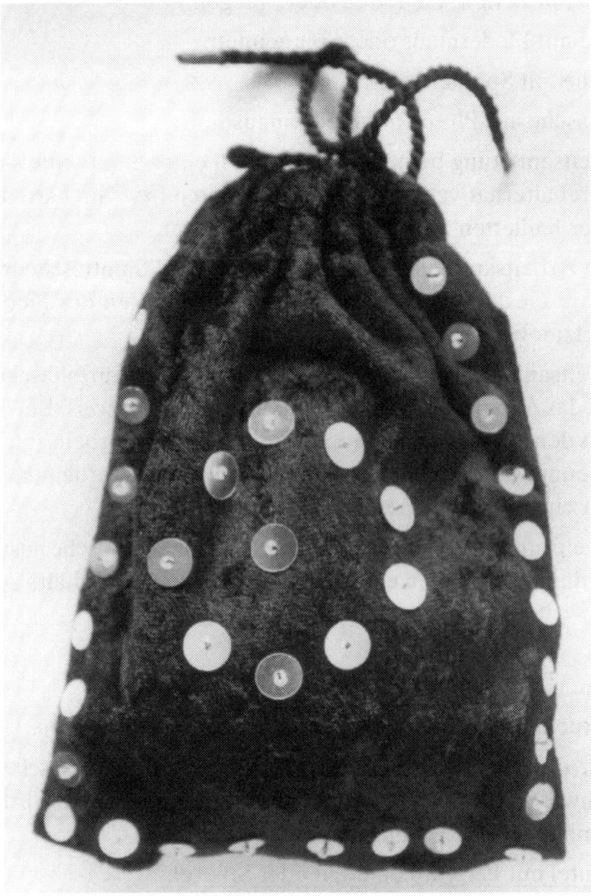

Abb. 1 Samtbeutel mit Pailletten, Humboldtschule (Hauptschule), Mannheim; Lehrerin: Heidrun Back-Vondung

Abb. 2 Samttasche mit Fledermaus, Simone Bösherz, Klasse 9, Sonnenbergschule (Hauptschule), Aidlingen; Lehrerinnen: Sabine Lalla und Leyla Towliati

Abb. 3 Samttasche mit Spinnennetz, Zuhal Ülger, Klasse 9b, Sonnenbergschule (Hauptschule), Aidlingen; Lehrerinnen: Sabine Lalla und Leyla Towliati

Abb. 4 Umhängetasche aus Plüsch mit Lackfledermaus, Stefanie Heinze, Klasse 9b, Sonnenbergschule (Hauptschule), Aidlingen; Lehrerinnen: Sabine Lalla und Leyla Towliati

Materialien (Arbeitsanleitungen)

Samtbeutel mit Perlen, Pailletten oder Spiegeln

Material:

- schwarzer Samt (40 × 15 cm)
- Reihgarn
- schwarzes Nähgarn
- schwarze Kordel (60 cm lang)

für Perlenstickerei:

- silberne Rocailleperlen (Ø 2,6 mm)

für Paillettenstickerei:

- silberne Pailletten
- silberne Paillettenschnur

für Spiegelstickerei:

- runde Spiegel (Ø 2 cm)
- schwarzes Perlgarn

Werkzeuge:

- Schere
- Maßband
- Nähnadel
- Nähmaschine
- Schneiderkreide
- Sicherheitsnadel
- Stecknadeln

Arbeitsanleitung:

1. Versäubere alle Kanten des Samtstoffes mit dem Zick-Zack-Stich.
2. Schlage die beiden schmalen Kanten 2 cm links auf links ein, stecke sie mit Stecknadeln fest, hefte sie mit Reihgarn, entferne die Stecknadeln und steppe die Kanten 1,5 cm vom Rand entfernt mit der Nähmaschine fest. Entferne das Reihgarn.
3. Klappe den Stoff der Breite nach links auf links, Kanten auf Kanten zusammen.

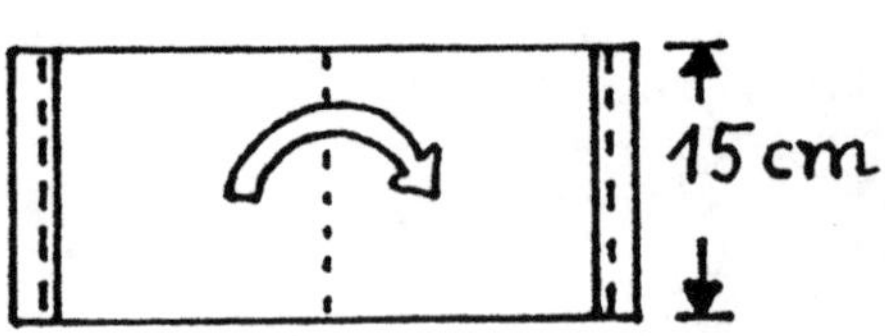

Stecke den zusammengelegten Samt an allen vier Seiten mit Stecknadeln fest. So kann der Samt nicht mehr verrutschen und du kannst die Vorder- und Rückseite deines späteren Beutels erkennen.

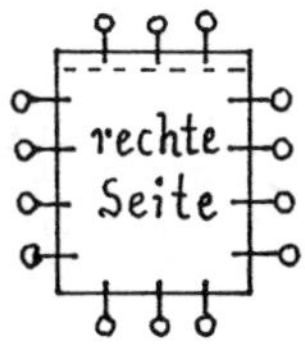

4. Überlege dir, womit du deinen späteren Samtbeutel verzieren möchtest, mit Perlen, mit Pailletten oder mit Spiegeln? Oder möchtest du alle drei Verzierungselemente verwenden? Überlege weiter, wie du deine Verzierungselemente auf dem Samtbeutel anordnen möchtest. Du hast folgende Möglichkeiten:

   Verzieren mit Perlen

   - die Perlen laufen in Linien über die Fläche
   - ein Perlenhaufen wird aufgewickelt
   - die Perlen kullern über die ganze Fläche

   Verzieren mit Pailletten

   - die Pailletten laufen in einer oder in mehreren Reihen nebeneinander
   - die Pailletten laufen in Wellen über die Fläche
   - die Pailletten ordnen sich strahlenförmig an

   Verzieren mit Spiegeln

   - drei Spiegel sitzen in einer Reihe
   - drei Spiegel sitzen in einem Dreieck

   Verzieren mit Spiegel, Pailletten, Perlen

   - ein Spiegel sitzt auf der Fläche
   - der Spiegel wird von einer ca. 10 cm langen Paillettenschnur umrahmt, die sich auf die Fläche weiterschlängelt
   - die Paillettenschnur mündet an einem oder beiden Enden in einem Perlenregen (5–6 Perlen)

5. Entwirf nun ein Muster und zeichne es mit Schneiderkreide auf deinen späteren Beutel. Beachte dabei: Der Beutel muß noch genäht werden. Lasse daher an den Seitenkanten mindestens 1 cm zum Zunähen übrig.
6. Entferne die Stecknadeln und sticke deine Verzierung auf. Wie du die einzelnen Verzierungselemente aufstickst, erfährst du am Ende der Arbeitsanleitung (siehe Aufsticken von Perlen, Pailletten, Paillettenschnur, Spiegeln).

7. Klappe den Stoff der Breite nach rechts auf rechts, Kanten auf Kanten zusammen, stecke die seitlichen Kanten fest, hefte sie mit Reihgarn und entferne die Stecknadeln.

8. Steppe nun die seitlichen Kanten mit 0,5 cm Nahtzugabe mit der Nähmaschine fest, aber *Vorsicht:* nur bis zur Naht der oberen Kanten. Entferne das Reihgarn.

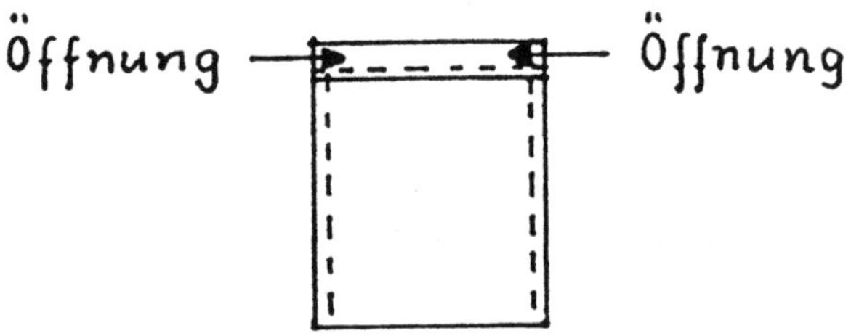

9. Wende den Beutel.
10. Befestige die Sicherheitsnadel an der Kordel und führe sie durch den Tunnel an den beiden oberen Kanten.

11. Verknote die Enden der Kordel.

Aufsticken von Perlen

1. Befestige den Faden am Stoff. Steche dazu von der Rückseite auf die Vorderseite des Stoffes. Führe den Faden direkt neben dem Einstich wieder auf die Rückseite und direkt daneben wieder auf die Vorderseite.

2. Fädle eine Rocailleperle auf und steche direkt neben der Perle auf die Rückseite.

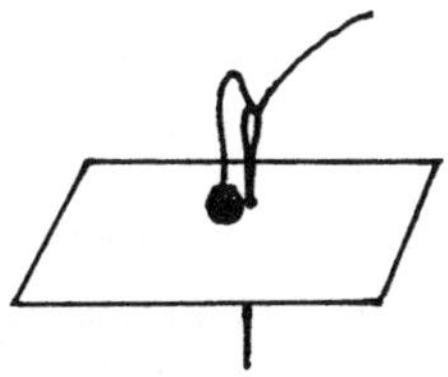

3. Steche dort, wo deine nächste Perle liegen soll, wieder auf die Vorderseite und befestigst die Perle wie bei 2. beschrieben.

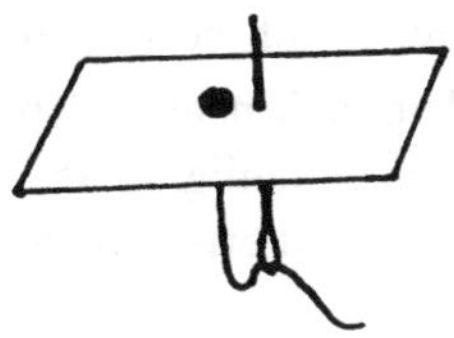

4. Liegen die Perlen allerdings weit auseinander, befestige den Faden und beginne von Neuem.
5. Wenn du deine Perlenstickerei beendet hast, befestige den Faden, indem du 3mal (wie bei 1. beschrieben) durch den Stoff stichst.

Aufsticken von Pailletten

1. Befestige den Faden am Stoff. Steche dazu von der Rückseite auf die Vorderseite des Stoffes. Führe den Faden direkt neben dem Einstich wieder auf die Rückseite und direkt daneben wieder auf die Vorderseite.
2. Fädle eine Paillette auf und führe den Faden direkt am äußeren Rand der Paillette wieder auf die Rückseite. In welcher Richtung du die Paillette festnähst, kommt ganz auf dein Muster an.

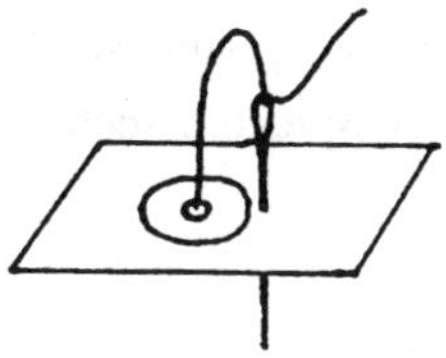

3. Wenn du direkt im Anschluss an diese Paillette eine weitere aufnähen möchtest, führe den Faden wieder auf die Vorderseite und zwar in dem Abstand einer halben Paillette, ausgehend von deinem Einstichpunkt.

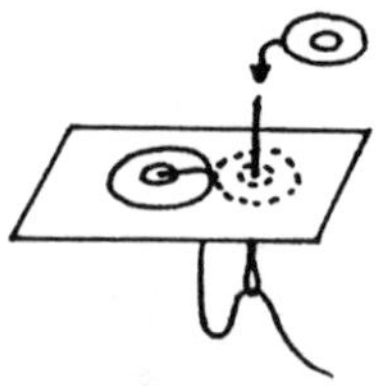

4. Fädle wieder eine Paillette auf und befestige sie, wie bei 2. beschrieben.
5. Wenn du deine Paillettenstickerei beendet hast, befestige den Faden, indem du 3mal wie bei 1. beschrieben durch den Stoff stichst.

Aufsticken von Paillettenschnur

1. Befestige den Faden am Stoff. Steche dazu von der Rückseite auf die Vorderseite des Stoffes. Führe den Faden direkt neben dem Einstich wieder auf die Rückseite und direkt daneben wieder auf die Vorderseite.
2. Lege die Paillettenschnur deinem Muster entsprechend auf den Stoff und achte darauf, dass alle Pailletten gleichmäßig in eine Richtung liegen. Führe den Faden über die Schnur, die die Pailletten verbindet. Steche direkt neben der Schnur auf die Rückseite.

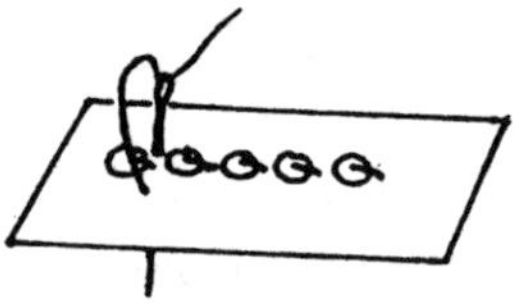

3. Steche 1/2 cm weiter wieder auf die Vorderseite, führe den Faden über die Schnur und direkt daneben wieder auf die Rückseite. Befestige so die ganze Paillettenschnur.
4. Befestige den Faden am Stoff, indem du 3mal (wie bei 1. beschrieben) durch den Stoff stickst.

Aufsticken von Spiegeln

1. Mache einen Knoten in das Perlgarn, ca. 10 cm vom Fadenanfang entfernt. Halte den Spiegel fest und steche bei A von der Rückseite auf die Vorderseite. Führe das Perlgarn über den Spiegel und steche bei B ein und bei C wieder aus.
2. Führe das Perlgarn über den Spiegel, steche bei D ein und bei E wieder aus.

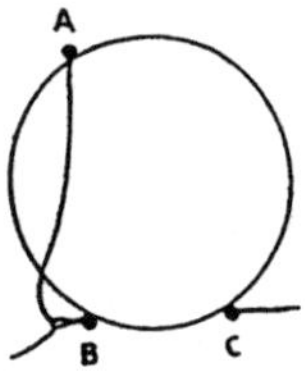

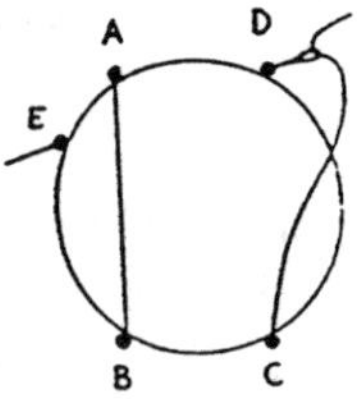

3. Führe das Perlgarn vom Ausgangspunkt E über den Spiegel und unter dem Verbindungsfaden zwischen A und B zurück. Ziehe das Garn fest an und halte es mit dem Daumen fest.
4. Führe das Perlgarn unter dem Verbindungsfaden von C und D von der Außenkante her zur Mitte hin durch und steche bei F auf die Rückseite. Ziehe das Garn fest an und halte es nun hier fest.

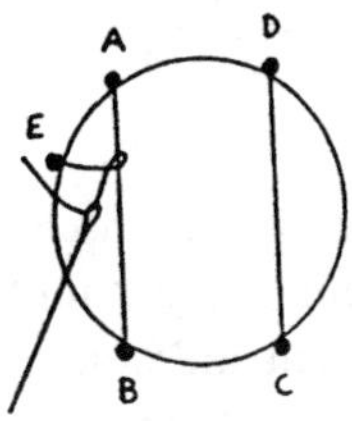

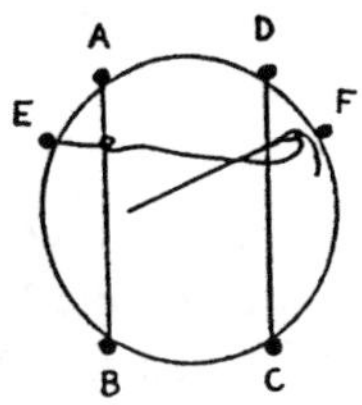

5. Steche bei G wieder auf die Vorderseite und führe das Perlgarn über den Verbindungsfaden von C und D von der Mitte nach außen hin darunter hindurch. Ziehe das Garn fest und halte es fest.
6. Führe auf dieser Höhe das Perlgarn über den Verbindungsfaden von A und B von der Außenkante zur Mitte hin, ziehe das Garn fest und steche an Punkt H auf die Rückseite und knapp oberhalb des Punktes E wieder auf die Vorderseite.

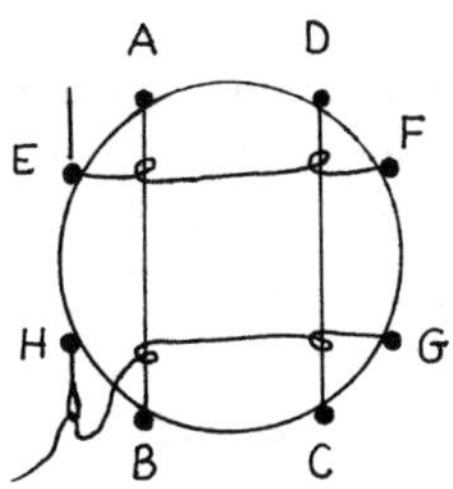

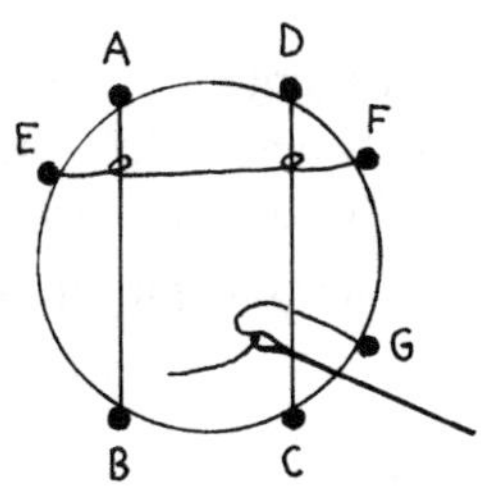

7. Du hast jetzt den Spiegel mit einem Gerüst (= 1. Gerüst) befestigt. Damit der Spiegel gut hält und später nicht herausfällt, befestige ihn mit einem 2. Gerüst. Drehe dazu den Spiegel mit dem Stoff etwas nach links. Der Spiegel sieht dann so aus wie auf der unteren linken Zeichnung.
8. Sticke nun über das 1. Gerüst ein 2. Gerüst. Die Arbeitsschnitte sind genau dieselben. Wenn das 2. Gerüst gestickt ist, sieht der Spiegel dann so aus wie auf der unteren rechten Zeichnung. Die Pfeile markieren dabei die Einstichpunkte des 2. Gerüsts.

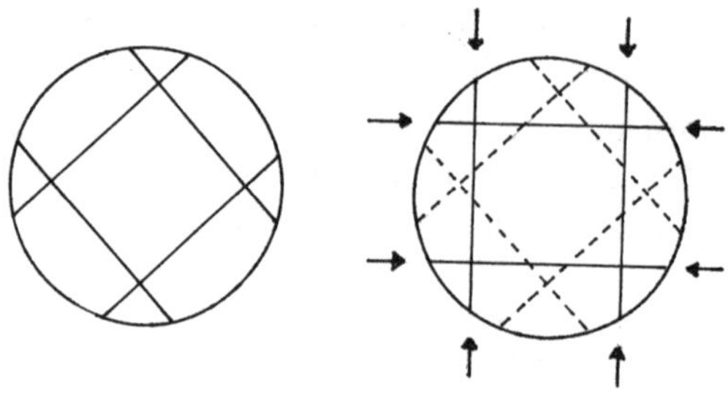

9. Fülle nun den Rand des Spiegels aus. Steche dazu zwischen E und A auf die Vorderseite. Führe nun die Nadel unter dem Schnittpunkt von E und A hindurch und steche neben dem Ausstichpunkt ein und wenige mm weiter wieder aus. Lasse dabei die Nadel stecken und lege das Perlgarn unter die Nadel. Ziehe erst dann die Nadel heraus und das Perlgarn fest.

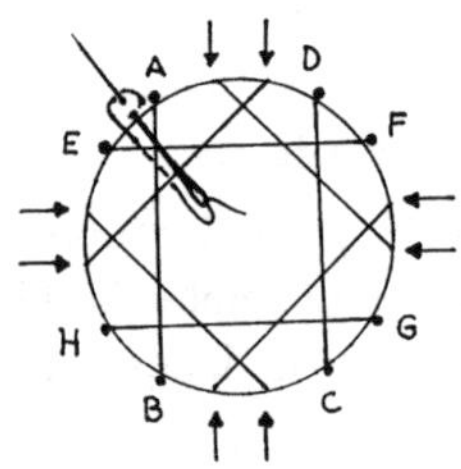

10. Führe das Perlgarn unter dem Verbindungsfaden von E und F hindurch und steche durch die Schlaufe des vorigen Stichs in den Stoff und gleich danach wieder heraus. Lege das Perlgarn unter die Nadel und ziehe den Faden fest.
11. Umsticke so den ganzen Spiegel, bis er fest sitzt.

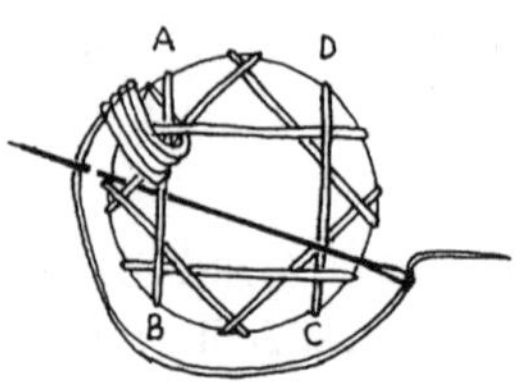

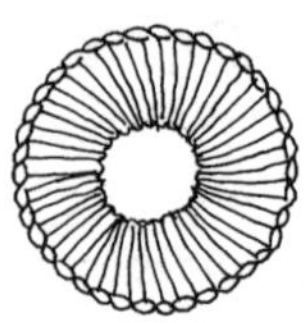

Samttasche mit Fledermaus oder Spinnennetz

Material:

- 1 × schwarzer Samt (20 × 40 cm)
- 2 × schwarzer Samt (30 × 6 cm)
- 40 cm schwarze Spitze (2,5 cm breit)
- Reihgarn
- schwarzes Nähgarn
- silbernes Garn
- evtl. Plastikspinne (für das Spinnennetz)

Werkzeuge:

- Schere
- Maßband
- Stecknadeln
- Nähnadel
- Nähmaschine
- Schneiderkreide
- Sicherheitsnadel

Arbeitsanleitung:

1. Klappe die Samtstreifen jeweils der Länge nach rechts auf rechts, Kanten auf Kanten zusammen. Stecke die langen Kanten fest, hefte sie mit Reihgarn, entferne die Stecknadeln und steppe die langen Kanten mit 0,5 cm Nahtzugabe mit der Nähmaschine fest. Entferne das Reihgarn.

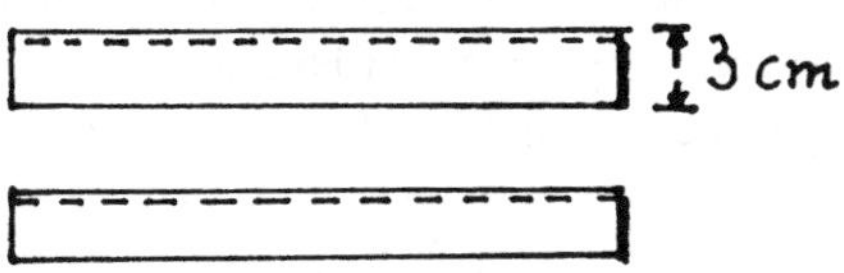

2. Befestige die Sicherheitsnadel am Ende eines jeden Samtstreifens und wende so beide Samtstreifen. Das sind die beiden Henkel.

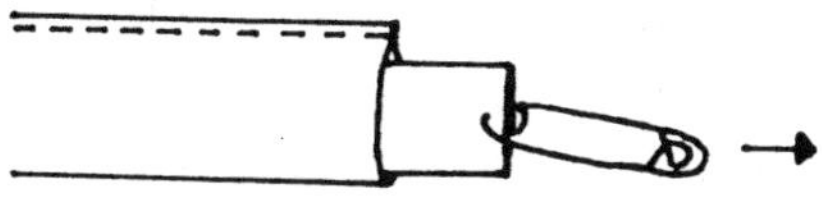

   Tipp: Falls dir das Wenden der Samtstreifen Schwierigkeiten bereitet, lass dir von deiner Lehrerin helfen.

3. Versäubere alle Kanten des großen Samtstoffes mit dem Zick-Zack-Stich.
4. Schlage die beiden schmalen Kanten 2 cm links auf links ein, stecke sie mit Stecknadeln fest, hefte sie mit Reihgarn, entferne die Stecknadeln und steppe

die schmalen Kanten 1,5 cm vom Rand entfernt mit der Nähmaschine fest. Entferne das Reihgarn.

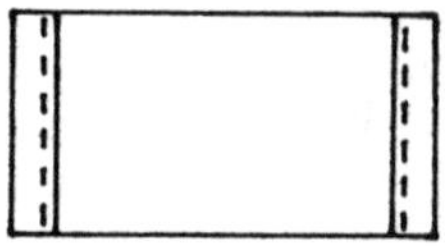

5. Klappe den Samt der Breite nach rechts auf rechts, Kanten auf Kanten zusammen. Stecke die seitlichen Kanten fest, hefte sie mit Reihgarn, entferne die Stecknadeln und steppe die seitlichen Kanten mit 0,5 cm Nahtzugabe mit der Nähmaschine fest. Entferne das Reihgarn.

6. Nähe so die Henkel an die Tasche: Messe auf der linken Stoffseite der Tasche von beiden Seiten 4 cm an der oberen Kante zur Mitte hin ab und markiere die Stellen mit der Schneiderkreide. Schlage einen der Henkel zu einem Bogen und stecke ein Henkelende an der einen markierten Stelle fest und das andere Ende an der anderen markierten Stelle. Hefte den Henkel mit Reihgarn, entferne die Stecknadeln und steppe den Henkel gut fest (mindestens 2mal mit der Nähmaschine drübernähen!). Entferne das Reihgarn.

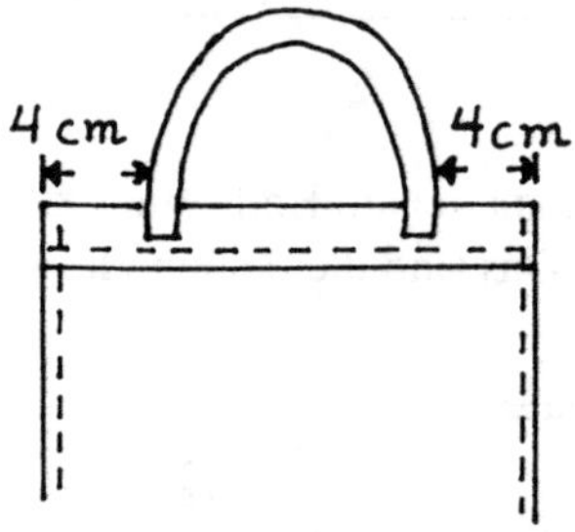

7. Nähe genau so den zweiten Henkel auf der anderen Taschenseite fest.

8. Wende die Tasche.

9. Schlage die Enden der Spitze 1 cm links auf links ein, stecke die Enden fest, hefte sie mit Reihgarn, entferne die Stecknadeln und steppe die Enden mit der Nähmaschine fest.

10. Stecke die Spitze am oberen Taschenrand ringsum an, hefte sie mit Reihgarn, entferne die Stecknadeln und steppe die Spitze ringsum mit der Nähmaschine fest. Entferne das Reihgarn.

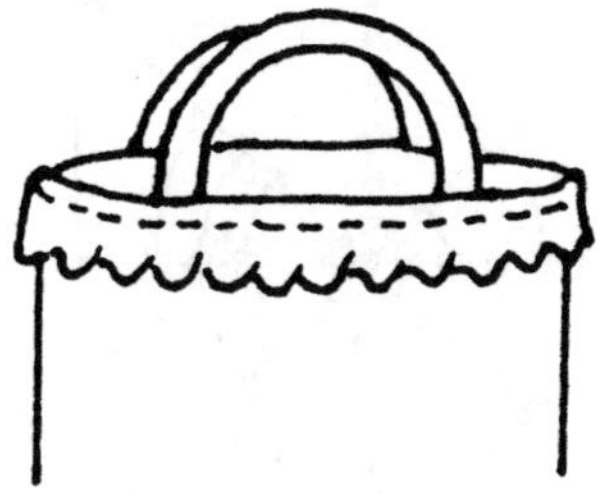

11. Sticke auf deine Tasche ein Fledermausmotiv oder ein Spinnennetzmotiv auf.

Aufsticken der Fledermaus

Motiv:

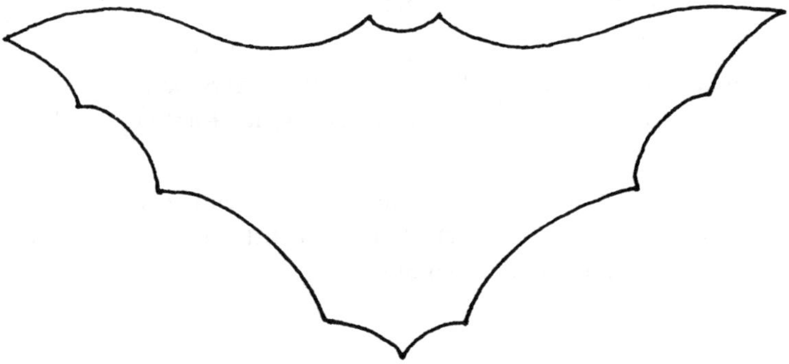

1. Schneide das Fledermausmotiv aus und setze es auf deine Tasche:
   - setzt du es in die Mitte, wirkt das Ganze ruhig und eher bieder
   - schiebst du es von der Mitte weg, pass' auf, daß die Fledermaus nicht aus der Fläche fällt.

   Tipp: Entwirf dein eigenes Fledermausmotiv.

3. Übertrage das Fledermausmotiv mit Schneiderkreide auf eine Seite der Tasche an die von dir gewählte Stelle.
4. Sticke das Motiv mit Silbergarn mit dem Steppstich nach.

Aufsticken des Spinnennetzes

Schemazeichnung:

1. Zeichne ein Spinnennetz mit Schneiderkreide auf eine Seite der Tasche (s. Schemazeichnung). Zeichne zunächst das Gerüstteil und dann das Netzteil. Zeichne beim Netzteil zuerst den inneren Kreis 1,5 cm von der Mitte entfernt und dann die weiteren Kreise.
2. Sticke zunächst das Gerüstteil. Sticke dazu mit dem Silbergarn von der Mitte des Gerüstteils in die Ecken und Mittelpunkte der Kanten (s. Schemazeichnung).
3. Sticke nun das Netzteil und beginne mit dem inneren Kreis. Steche an einem Gerüstteil aus, führe das Silbergarn über das nächste Gerüstteil, steche ein und direkt neben dem Gerüstteil wieder aus.

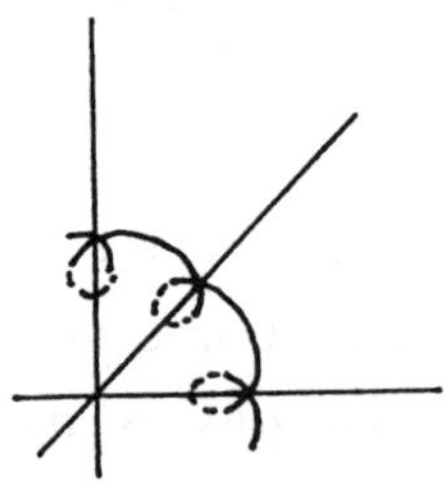

   Sticke so um jedes Gerüstteil bis der Kreis geschlossen ist.
4. Sticke die weiteren Kreise auf.
5. Wenn du möchtest, kannst du noch eine Plastikspinne auf das Spinnenetz aufnähen.

Gürteltasche mit Spinnennetz

Material:

- schwarzer fester Baumwollstoff für die Gürtelschlaufe (10 × 6 cm)
- schwarzer fester Baumwollstoff für die Gürteltasche (18 × 36 cm)
- schwarzer Nähfaden
- Reihgarn
- silbernes Garn
- 1 Druckknopf
- 1 Gürtel
- evtl. Plastikspinne

Werkzeuge:

- Nähmaschine
- Maßband
- Stecknadeln
- Schere
- weiße Schneiderkreide
- Nähnadel
- Sticknadel

Arbeitsanleitung:

1. Versäubere das kleine und große Stück Baumwollstoff ringsum mit dem Zickzackstich.
2. Schlage die schmalen Kanten des großen Baumwollstücks je 1 cm links auf links ein, stecke sie fest, hefte sie mit Reihgarn, entferne die Stecknadel und steppe die schmalen Kanten mit der Nähmaschine fest. Entferne das Reihgarn.

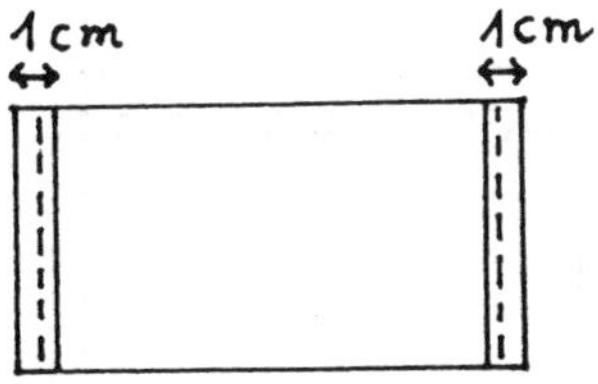

3. Schlage die schmalen Kanten des kleinen Baumwollstücks (Gürtelschlaufe) je 1 cm links auf links ein, stecke sie fest und hefte sie mit Reihgarn. Schlage die langen Kanten je 0,5 cm links auf links um, stecke sie fest und hefte sie mit Reihgarn.
4. Stecke die Gürtelschlaufe mit der linken Seite auf die rechte Seite des großen Baumwollstücks 1,5 cm von der Oberkante entfernt quer fest, hefte die Schlaufe mit Reihgarn, entferne die Stecknadeln und steppe die Gürtelschlaufe an ihren beiden langen Kanten mit der Nähmaschine fest (s. Zeichnung). Entferne das Reihgarn.

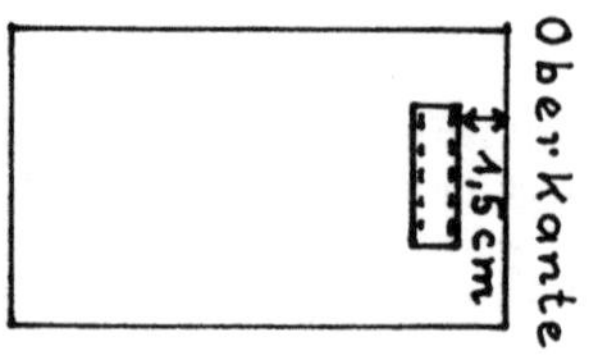

5. Sticke mit Silbergarn ein Spinnennetz auf die Vorderseite (= Seite ohne Gürtelschlaufe) deiner späteren Gürteltasche auf. Beachte dabei: Die Tasche muss noch genäht werden. Lasse daher an den Seitenkanten jeweils 2 cm Platz zum Zunähen.

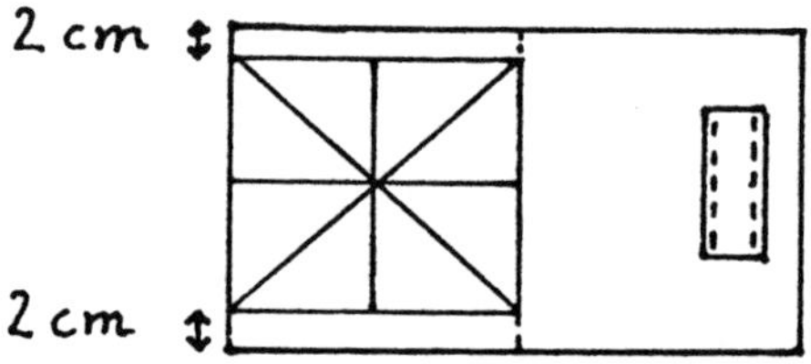

6. Klappe das große Baumwollstück der Breite nach rechts auf rechts, Kanten auf Kanten zusammen. Stecke die seitlichen Kanten fest, hefte sie mit Reihgarn, entferne die Stecknadeln und steppe die Kanten mit 1 cm Nahtzugabe fest. Entferne das Reihgarn.

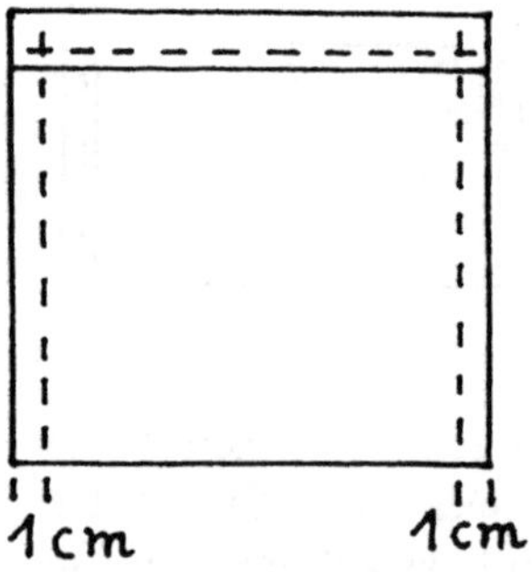

7. Wende die Gürtelschlaufe und nähe in der Mitte der Öffnung innen auf jeder Seite einen Teil des Druckknopfes an.
8. Ziehe den Gürtel durch die Gürtelschlaufe.

Umhängetasche aus Plüsch mit Lackfledermaus

Material:

- 1 × schwarzer Plüsch (40 × 83 cm) = Vorderseite, Boden, Rückseite
- 1 × schwarzer Plüsch (40 × 40 cm) = Umschlagklappe
- 2 × schwarzer Plüsch (15 × 34 cm) = Seitenteile
- 2 große Druckknöpfe
- Reihgarn
- schwarzes Nähgarn
- schwarzes Band (5cm breit) für Träger
- schwarzer Lack (20 × 13 cm)

Werkzeuge:

- Schere
- Maßband
- Stecknadeln
- Nähnadel
- Nähmaschine
- heller, wasserlöslicher Stift
- Zeitungspapier
- Tesafilm
- Schneiderkreide

Schemazeichnung:

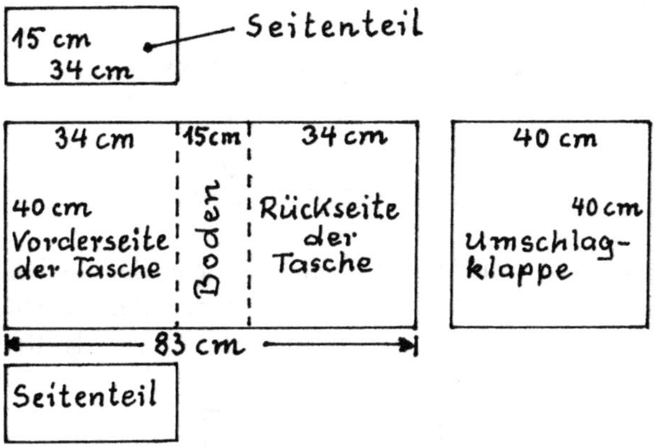

Arbeitsanleitung:

1. Schlage bei der Umschlagklappe 3 der 4 Kanten 2 cm links auf links ein, stecke sie fest, hefte sie mit Reihgarn, entferne die Stecknadeln und steppe die Kanten 1,5 cm vom Rand entfernt mit der Nähmaschine fest. Entferne das Reihgarn.

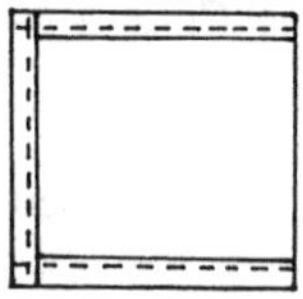

2. Schlage bei dem 40 × 83 cm großen Plüschstoff eine der beiden schmalen Kanten 2 cm links auf links ein, stecke sie fest, hefte sie mit Reihgarn, entferne die Stecknadeln und steppe die Kante 1,5 cm vom Rand entfernt mit der Nähmaschine fest. Entferne das Reihgarn.

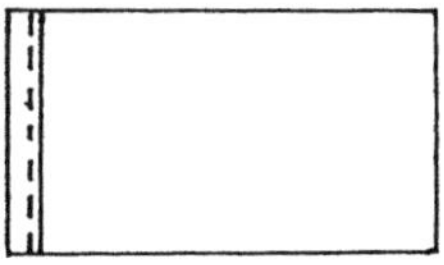

3. Nähe an die andere schmale Kante die Umschlagkappe an der ungesteppten Kante an. Messe dazu jeweils 2 cm von den Kantenecken (des 40 × 83 cm großen Plüschstoffes) zur Mitte hin und markiere diese Stellen. Lege zwischen die beiden Markierungen die Umschlagklappe rechts auf rechts auf. Stecke die beiden Stoffteile fest, hefte sie mit Reihgarn, entferne die Stecknadeln und steppe die Stoffteile mit 0,5 cm Nahtzugabe fest. Entferne das Reihgarn.

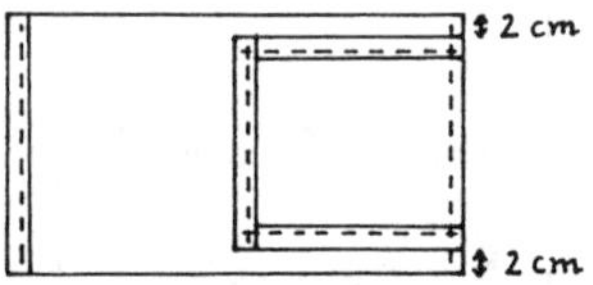

4. Schlage an den Seitenteilen jeweils eine der schmalen Kanten 2 cm links auf links ein, stecke sie fest, hefte sie mit Reihgarn, entferne die Stecknadeln und steppe die Kanten mit 2 cm Nahtzugabe fest. Entferne das Reihgarn.

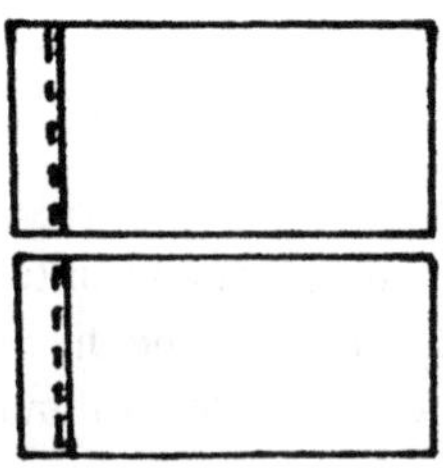

5. Nähe die beiden Seitenteile an die Vorderseite der Tasche. Lege dazu jeweils die lange Kante der Seitenteile rechts auf rechts auf die Seitenkante der Taschenvorderseite (siehe auch Schemazeichnung). Stecke die Kanten fest, hef-

te sie mit Reihgarn, entferne die Stecknadeln und steppe die Kanten mit 2 cm Nahtzugabe fest.

6. Stecke die schmalen Kanten der Seitenteile rechts auf rechts auf die seitlichen Kanten des Taschenbodens (siehe auch Schemazeichnung), hefte sie mit Reihgarn, entferne die Stecknadeln und steppe die Kanten mit 2 cm Nahtzugabe fest. Entferne das Reihgarn.

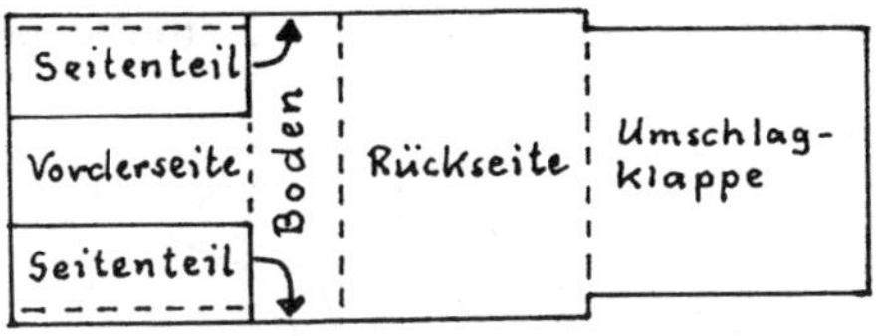

7. Lege jetzt jeweils die zweite lange Kante der Seitenteile rechts auf rechts auf die Seitenkante der Taschenrückseite. Stecke die Kanten fest, hefte sie mit Reihgarn, entferne die Stecknadeln und steppe die Kanten mit 2 cm Nahtzugabe fest. Entferne das Reihgarn.

8. Wende die Tasche und stopfe sie mit Zeitungspapier aus, damit der Verschluss später an der richtigen Stellen sitzt.
9. Klappe den Umschlag zu und markiere die Stellen, an denen du die Druckköpfe (als Verschluss) aufnähen musst.

10. Nähe an die Umschlagseite den einen Teil der Druckknöpfe und auf die Vorderseite den anderen Teil der Druckknöpfe an.

11. Messe mit dem Maßband die Länge, die der Trägerriemen deiner Tasche haben soll. Hänge dazu das Maßband über die Schulter und bitte jemanden, die Länge an der Stelle abzumessen, an der die Tasche hängen soll.
12. Zähle zu dieser gemessenen Länge 4 cm dazu und schneide dann die Gesamtlänge vom Trägerband ab.
13. Schlage die Enden des Trägerbandes 2 cm rechts auf rechts ein, stecke sie rundum fest, hefte sie mit Reihgarn, entferne die Stecknadeln und steppe die Enden rundum mit 0,5 cm Nahtzugabe fest. Entferne das Reihgarn.

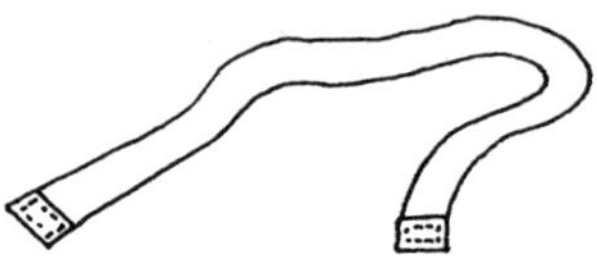

14. Stecke die Enden des Trägerriemens im Inneren der Tasche oben an den Seitenteilen fest, hefte die Enden mit Reihgarn, entferne die Stecknadeln und steppe die Enden knappkantig auf. Entferne das Reihgarn.

    Tipp: Nähe den Trägerriemen mit der Hand an, das geht leichter.

15. Schneide das Fledermausmotiv aus, zeichne es mit dem wasserlöslichen Stift auf den Lack und schneide es aus.

Tipp: Entwirf dein eigenes Fledermausmotiv.

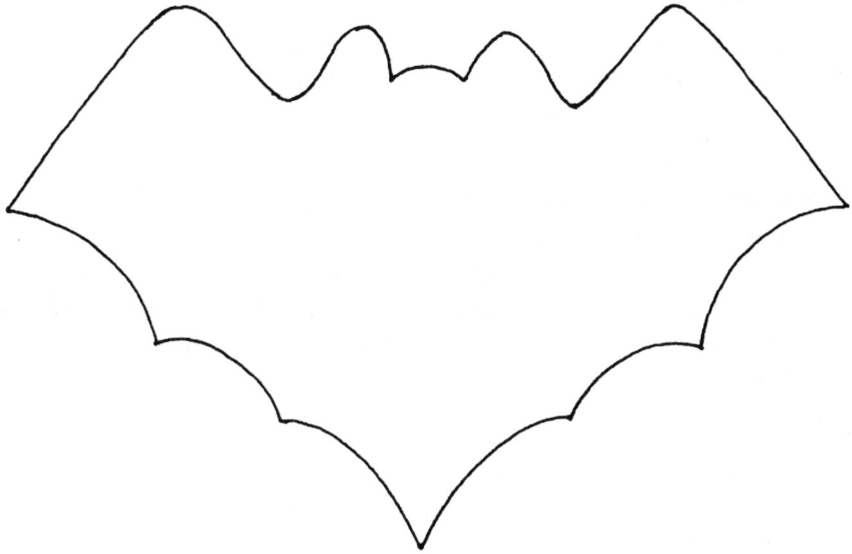

16. Setze das Fledermausmotiv so auf die Taschenklappe, dass es gut sichtbar ist:
    - setzt du das Motiv in die Mitte, wirkt es so, als ob die Fledermaus ruhig und friedlich fliegt
    - setzt du das Motiv weiter nach außen, wirkt es so, als ob die Fledermaus aufgeregt an- oder abfliegt.

17. Klebe dein Fledermausmotiv auf die von dir gewählte Stelle der Taschenklappe mit mehreren Stückchen Tesafilm auf und steppe das Motiv ringsum mit der Nähmaschine fest. Entferne den Tesafilm.

11.6 Anhänger

Vorbemerkungen

Zur Herstellung und Gestaltung eines aktuellen Anhängers in einer gruftietypischen Form wird als Gegenstand der Schlüsselanhänger und als Konfiguration die Fledermausform vorgeschlagen.

Arbeitsanleitungen (Mat.):

1. Fledermausschlüsselanhänger aus Lack oder Leder
2. Fledermausschlüsselanhänger aus Samt

Beinhaltet die erste Arbeitsanleitung das Nähen einer Fledermausform ohne Verstürznähte wahlweise aus den Materialien Lack oder Leder, so beschreibt die zweite Arbeitsanleitung das Nähen einer Fledermausform mit Verstürznähten aus dem Material Samt.

Lernziele

Die Schülerinnen und Schüler sollen

⇛ ein aktuelles Accessoire in einer gruftietypischen Form herstellen und im Gruftielook gestalten

⇛ einen Schlüsselanhänger in der gruftietypischen Fledermausform gestalten

⇛ aus den gruftietypischen Materialien schwarzer Lack, schwarzes Leder oder schwarzer Samt einen Fledermausschlüsselanhänger mit der Nähmaschine nähen

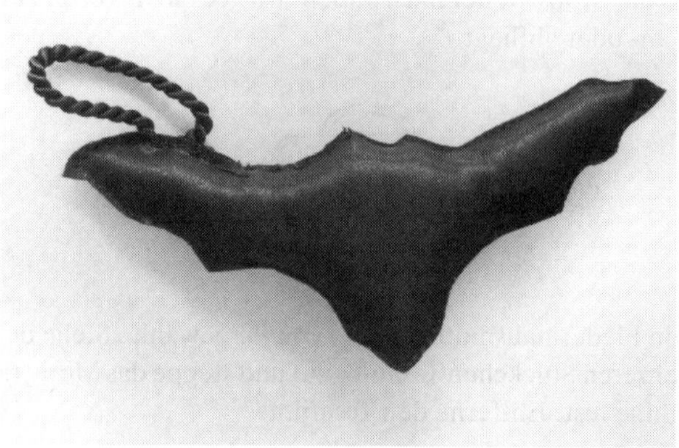

Abb. 1 Fledermausschlüsselanhänger aus Lack, Julia Neubauer, Klasse 10b, Humboldtschule (Hauptschule mit Werkrealschule), Mannheim; Lehrerin: Carolin Fischer

Materialien (Arbeitsanleitungen)

Fledermaus-Schlüsselanhänger aus Lack oder Leder

Material:

- 2 Stücke schwarzer Lack (je 18 × 9 cm) oder schwarzes Leder (je 20 × 15 cm)
- schwarzer Nähfaden
- Füllgranulat
- 8 cm schwarze Kordel
- 1 Schlüsselring

Werkzeuge:

- Tacker
- Tesa
- wasserlöslicher weißer Stift (Lack) oder weiße Schneiderkreide (Leder)
- Nähmaschine
- Maßband
- Schere
- Trichter

Schnittmuster für die Lackfledermaus:

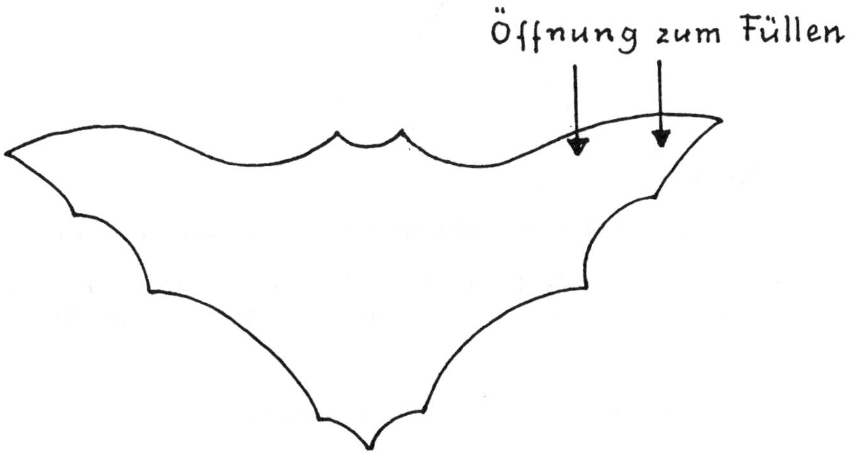

Schnittmuster für die Lederfledermaus:

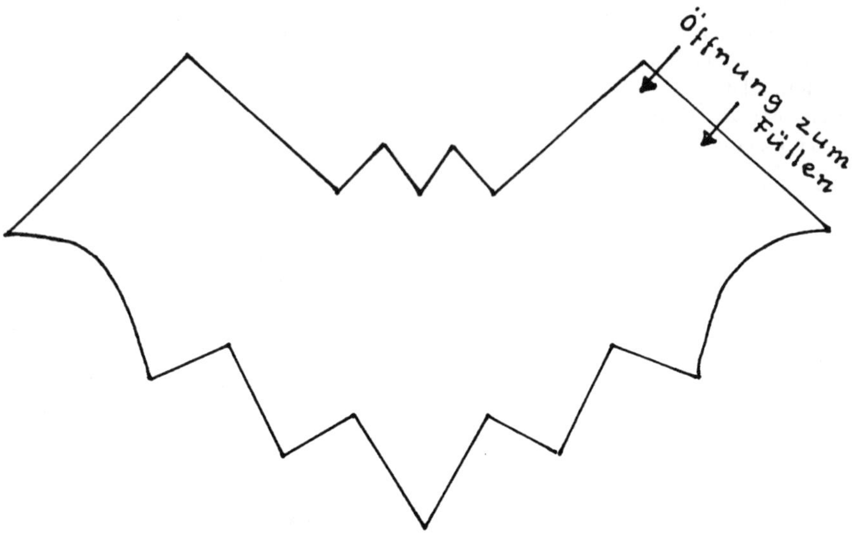

Arbeitsanleitung:

1. Schneide den Schnitt für die Lackfledermaus (oder Lederfledermaus) aus.
2. Lege die zwei Lackstücke (oder Lederstücke) links auf links genau aufeinander. Tackere sie am Rand zusammen, damit sie nicht mehr verrutschen können.

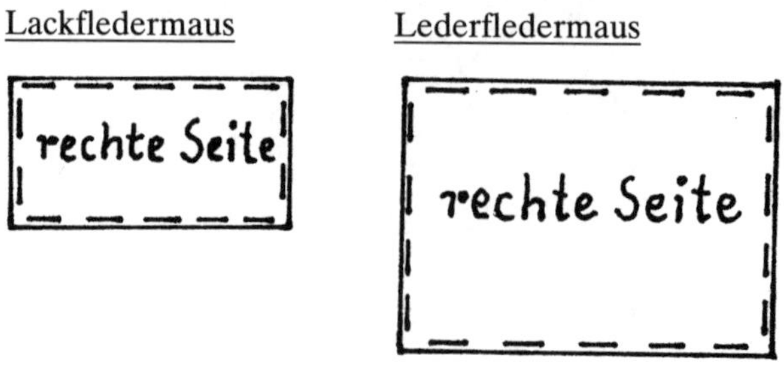

3. Lege den Schnitt auf eine Seite des Lacks (oder Leders) in die Mitte. Klebe den Schnitt mit zwei kleinen Tesastückchen auf. Achte darauf, dass der Schnitt nicht zu nahe am Rand liegt. Es müssen mindestens 0,5 cm Stoff als Nahtzugabe gerechnet werden.

4. Zeichne den Schnitt mit einem wasserlöslichen Stift auf den Lack (oder mit Schneiderkreide auf das Leder). Kennzeichne die Linie, die du zunächst nicht zunähen darfst. Diese Öffnung brauchst du später zum Füllen der Fledermaus.
5. Nimm das Schnittmuster wieder ab und nähe mit der Nähmaschine die Kontur (den Umriss) der Fledermaus nach. *Achtung:* Die Öffnung zum Füllen offen lassen.
6. Markiere mit dem Stift (oder der Kreide) 0,5 cm Nahtzugabe rund um die Fledermaus.
7. Schneide die Fledermaus auf der markierten Linie der Nahtzugabe aus.

Lackfledermaus

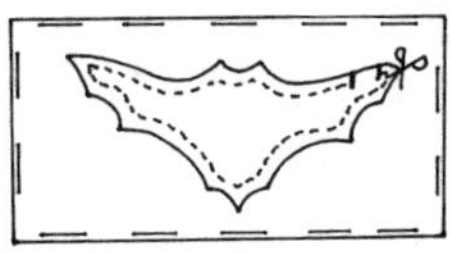

Lederfledermaus

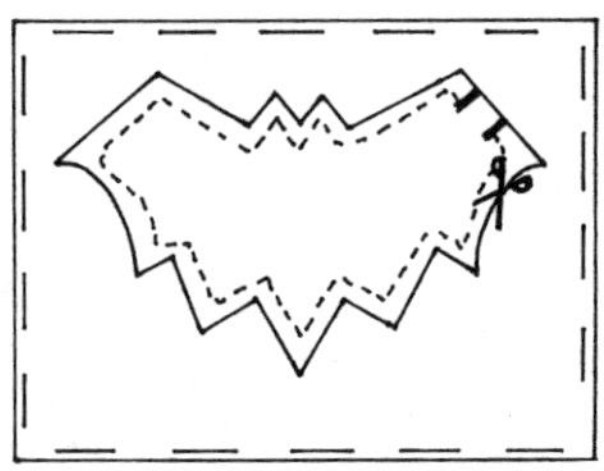

8. Fülle nun das Granulat mit Hilfe des Trichters in die Fledermaus, bis sie so locker oder fest ist, wie du sie gerne möchtest.
9. Forme die Kordel zu einer Schlaufe und schiebe sie in die Öffnung. Halte die Schlaufe gut fest.

Lackfledermaus

Lederfledermaus

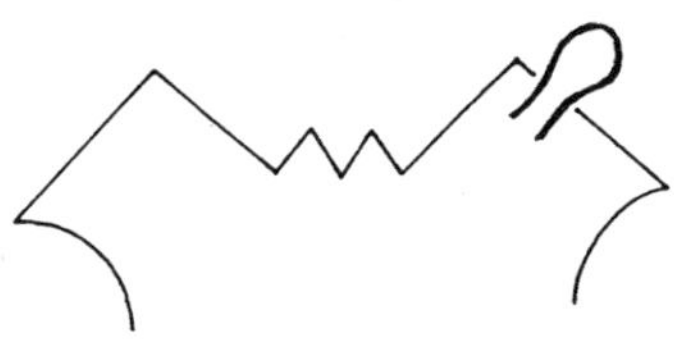

10. Nähe die Öffnung mit der Nähmaschine zu und somit auch die Schlaufe der Kordel fest.
11. Ziehe den Schlüsselring durch die Schlaufe.

Fledermaus-Schlüsselanhänger aus Samt

Material:

- 20 × 30 cm schwarzer Samt
- schwarzer Nähfaden
- Füllgranulat
- 8 cm schwarze Kordel
- 1 Schlüsselring

Werkzeuge:

- Stecknadeln
- weiße Schneiderkreide
- Nähmaschine
- Maßband
- Stoffschere
- Trichter

Schnittmuster:

Arbeitsanleitung:

1. Schneide den Schnitt für die Samtfledermaus aus.
2. Lege dein Samtstück der Breite nach rechts auf rechts, Kanten auf Kanten zusammen

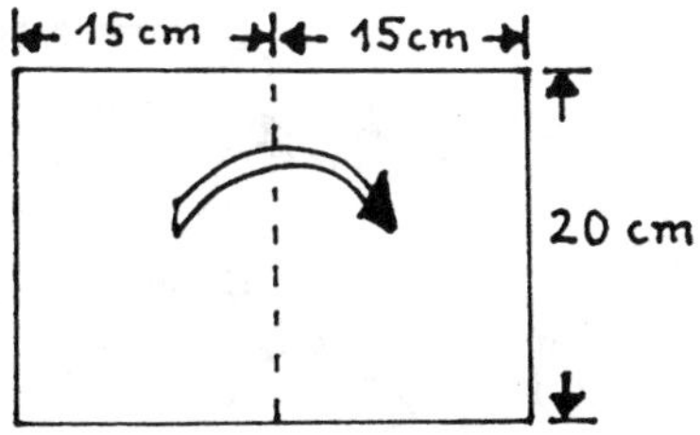

Hefte den zusammengelegten Samt an allen 4 Seiten mit Stecknadeln fest, damit er nicht mehr verrutschen kann.

3. Lege den Schnitt auf eine Seite des Samts in die Mitte und hefte ihn mit Stecknadeln fest. Achte darauf, dass der Schnitt nicht zu nahe am Rand liegt. Es müssen mindestens 0,5 cm Stoff als Nahtzugabe gerechnet werden.
4. Zeichne den Schnitt mit weißer Schneiderkreide auf den Stoff und kennzeichne die Linie, die du zunächst nicht zunähen darfst. Diese Öffnung brauchst du später zum Wenden und Füllen der Fledermaus.
5. Nimm das Schnittmuster wieder ab und nähe mit der Nähmaschine die Kontur (den Umriss) der Fledermaus nach. *Achtung:* Die Öffnung zum Wenden und Füllen offen lassen.
6. Markiere mit der Schneiderkreide 0,5 cm Nahtzugabe rund um die Fledermaus.
7. Schneide die Fledermaus auf der markierten Linie der Nahtzugabe aus.

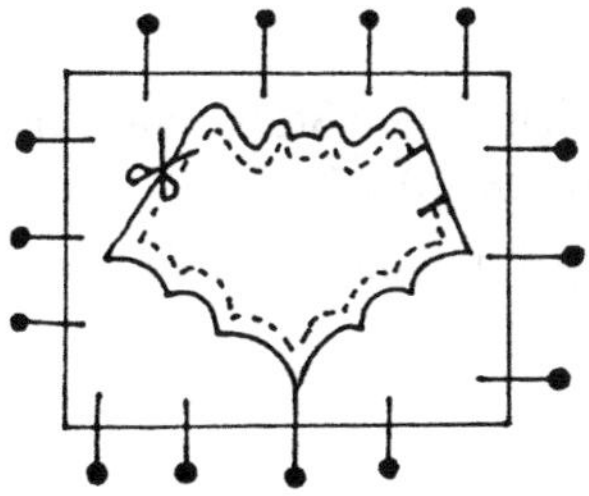

8. Schneide an spitzen Winkeln oder Rundungen die Nahtzugabe etwas ein, damit die Fledermaus nach dem Wenden ihre Form gut annehmen kann. *Vorsicht:* Nicht die Naht zerschneiden.

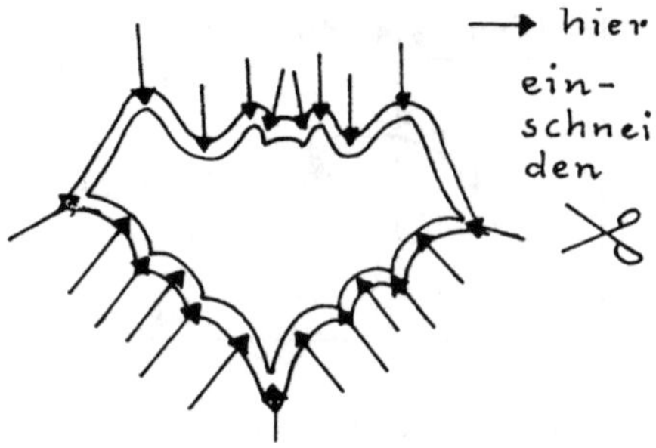

9. Wende die Fledermaus durch die Öffnung. Achte darauf, dass alle Ecken nach außen gewendet sind.
10. Fülle nun das Granulat mit Hilfe des Trichters in die Fledermaus, bis sie so locker oder fest ist, wie du sie gerne möchtest.
11. Schlage an der Öffnung die beiden Stoffkanten jeweils 0,5 cm nach innen und hefte sie mit Stecknadeln fest. Forme die Kordel zu einer Schlaufe, lege die Kordel in den oberen Teil der Öffnung und stecke die Kordel mit fest.

12. Nähe so dicht wie möglich an den Stoffkanten entlang die Öffnung zu und somit auch die Schlaufe der Kordel fest.
13. Ziehe den Schlüsselring durch die Schlaufe.

11.7 Haarschmuck

Vorbemerkungen

Zur Herstellung und Gestaltung eines aktuellen Haarschmucks aus gruftietypischem Material werden als Gegenstände die Haarrosette und der Haarring gewählt.

Arbeitsanleitungen (Mat.):

1. Haarrosette (Haarnadel, Haargummi oder Haarspange)
2. Haarring aus Samt, Leder, Spitze oder Stoff mit Paillettenschnur

Die erste Arbeitsanleitung beschreibt das Nähen einer Haarrosette aus Spitze mit drei alternativen Möglichkeiten der Befestigung, nämlich an einer Haarnadel (bzw. Haarklemme), an einem Haargummi oder an einer Haarspange. *Hinweis:* Bei dieser Arbeitsanleitung muss den Schülerinnen und Schülern die Grundarbeitsanleitung Rosette zusätzlich zur Verfügung gestellt werden (siehe Arbeitsanleitung Samthalsband mit Rosette, S. 116)

Die zweite Arbeitsanleitung verweist auf das Nähen eines Haarrings in zwei alternativen Größen (groß oder klein) und aus vier alternativen Materialien, nämlich aus Samt, Leder, Spitze oder Stoff. Für den Haarring aus Stoff ist zudem das Aufnähen von Paillettenschnur in zwei alternativen Farben, nämlich in Schwarz oder Silber, vorgesehen.

Lernziele

Die Schülerinnen und Schüler sollen

⇛ ein aktuelles Accessoire aus gruftietypischem Material herstellen und im gruftietypischen Stil gestalten

- <u>zu Haarrosette</u>

  ⇛ aus dem gruftietypischen Material schwarze Spitze eine Haarrosette nähen

- <u>zu Haarring</u>

  ⇛ aus den gruftietypischen Materialien schwarzer Samt, schwarzes Leder, schwarze Spitze oder schwarzer Stoff mit der Nähmaschine einen Haarring nähen

  ⇛ einen Haarring aus schwarzem Stoff durch Aufnähen einer schwarzen oder silberfarbenen Paillettenschnur mit der gruftietypischen Grundfarbe Schwarz oder im gruftietypischen Schwarz-Silber-Kontrast gestalten

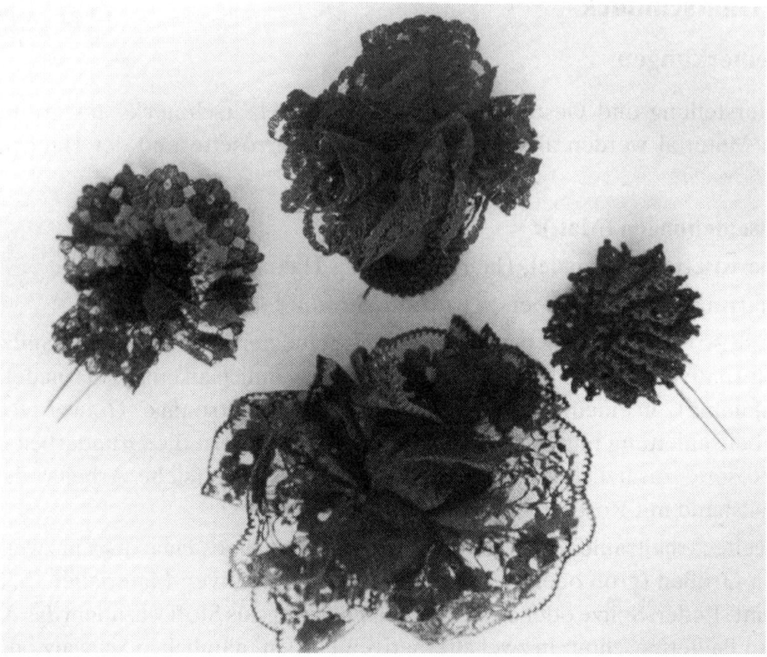

Abb. 1 Haarrosetten, Doreen Krahl (Haarnadel), Jascha Kopf (Haargummi), Miriam Gantner (Haarspange), alle Klasse 7a, Ernst-Reuter-Schule (Hauptschule), Karlsruhe; Lehrerin: Ellen Cuntz und Vera Bechtgold (Haarnadel), Klasse 9a, Humboldtschule (Hauptschule), Mannheim; Lehrerin: Heidrun Back-Vondung

Abb. 2 Haarring mit Paillettenschnur, Brigitte Holzhausen, Oberstudienrätin, Pädagogische Hochschule Heidelberg

Materialien (Arbeitsanleitungen)

Haarrosette (Haarnadel, Haargummi oder Haarspange)

Material:

- schwarzer Nähfaden

für Haarnadel:

- 55 cm schwarze Polyesterspitze (2,5 cm breit)
- 1 Haarnadel oder Haarklemme

für Haargummi:

- *120 cm schwarze Baumwollspitze (5 cm breit)*
- *1 schwarzes Haargummi*

für Haarspange:

- 130 cm schwarze Polyesterspitze (6 cm breit)
- 1 Haarspange (6 cm breit)

Werkzeuge:

- Nähnadel
- Schere
- Maßband

Arbeitsanleitung:

Fertige eine Rosette und befestige sie an einer Haarspange, einem Haargummi oder einer Haarspange.

Befestigen an der Haarnadel (oder Haarklemme):

1. Nimm die Haarnadel und umwickle sie an der geschlossenen Stelle fest mit schwarzem Nähgarn.

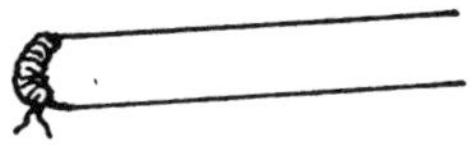

2. Fädle beide Fäden, die an der Rosette hängen, auf eine Nähnadel auf. Nähe die Rosette auf dem Nähgarn fest, mit dem du die Haarnadel umwickelt hast. *Achtung:* Die Rosette muss ganz dicht an der Haarnadel sein, damit sie festsitzt und nicht wackelt.

Befestigen am Haargummi:

1. Fädle beide Fäden, die an der Rosette hängen, auf eine Nähnadel auf. Nähe die Rosette an dem Haargummi fest. *Achtung:* Die Rosette muss ganz dicht an dem Haargummi sein, damit sie festsitzt und nicht wackelt.

Befestigen an der Haarspange:

1. Öffne die Haarspange und umwickle den oberen, breiten Teil der Haarspange in der Mitte dicht mit schwarzem Faden.

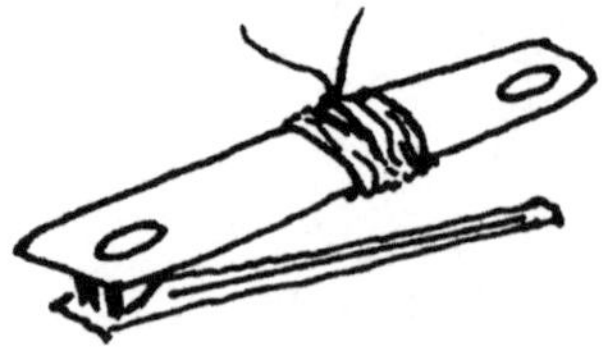

Achte darauf, dass der Fadenanfang genügend lang hängen bleibt, damit du ihn mit dem Fadenende verknoten kannst, wenn genug Faden um die Spange gewickelt worden ist.

2. Fädle beide Fäden, die an der Rosette hängen, auf eine Nähnadel auf. Nähe die Rosette auf dem Nähgarn fest, mit dem du die Haarspange umwickelt hast. *Achtung:* Die Rosette muss ganz dicht an der Haarspange sein, damit sie fest sitzt und nicht wackelt.
3. Links und rechts in der Haarspange sind kleine Löcher. Nimm jeweils eine untere „Blüte" der Rosette und nähe diese auf der entsprechenden Seite der Haarspange an den Löchern an. Achte darauf, dass sich die Rosettenform nicht verändert.

Haarring aus Samt, Leder, Spitze oder aus Stoff mit Paillettenschnur

Material:

- schwarzer Nähfaden
- Reihgarn

für großen Haarring aus Samt:

- schwarzer Samt (50 × 12 cm groß)
- 25 cm schwarzes Gummiband (ca. 0,5 cm breit)

für kleinen Haarring aus Leder:

- weiches, dünnes, schwarzes Leder (35 × 8 cm groß)
- 15 cm schwarzes Gummiband (ca. 0,5 cm breit)

für kleinen Haarring aus Spitze:

- schwarzer Spitzenstoff oder Tüll (35 × 8 cm groß)
- 15 cm schwarzes Gummiband (ca. 0,5 cm breit)

für großen Haarring aus Stoff mit Paillettenschnur:

- schwarzer Stoff (Material nach Wunsch) 50 × 12 cm groß
- 25 cm schwarzes Gummiband (ca. 0,5 cm breit)
- 50 cm schwarze oder silberne Paillettenschnur

für kleinen Haarring aus Stoff mit Paillettenschnur:

- schwarzer Stoff (Material nach Wunsch) 35 × 8 cm groß
- 15 cm schwarzes Gummiband (ca. 0,5 cm breit)
- 35 cm schwarze oder silberne Paillettenschnur

Werkzeuge:

- Nähnadel
- Schere
- Maßband
- Stecknadeln
- Nähmaschine
- Sicherheitsnadel

für Haarring aus Stoff mit Paillettenschnur:

- Bügeleisen
- Bügelbrett

Arbeitsanleitung:

Nur für Haarring mit Paillettenschnur:

1. Klappe den Stoff der Länge nach links auf links, Kanten auf Kanten zusammen und bügle den Stoffbruch, damit eine Bügelfalte entstanden ist, wenn du den Stoff wieder aufklappst.
2. Lege die Paillettenschnur auf der rechten Seite des Stoffes auf die Bügelfalte und nähe die Schnur auf.

Für alle Haarringe:

3. Klappe den Stoff der Länge nach rechts auf rechts, Kanten auf Kanten zusammen und stecke die lange offene Kante mit Stecknadeln fest.
4. Hefte die Stofflagen an der langen Kante mit Reihgarn fest und entferne die Stecknadeln. Die schmalen Kanten bleiben offen.
5. Steppe die lange Kante mit der Nähmaschine 1 cm vom Rand entfernt fest und entferne das Reihgarn.

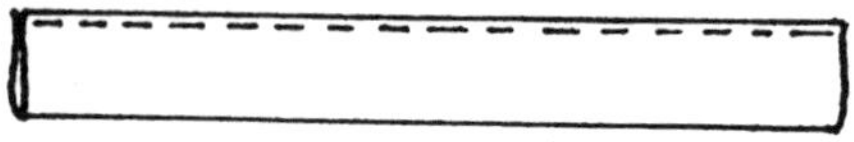

6. Wende den Schlauch. Benutze dazu eine Sicherheitsnadel. Stecke sie an einer der schmalen Kanten fest und führe sie durch das Schlauchinnere zurück.

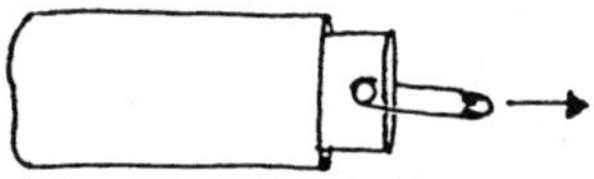

7. Schlage den Stoff an den beiden offenen Kanten 1 cm nach innen und hefte sie mit Reihgarn fest.
8. Befestige die Sicherheitsnadel am Gummiband. Ziehe das Gummiband mit der Sicherheitsnadel durch den Schlauch, entferne sie dann und verknote die Enden des Gummibandes mit einem Doppelknoten.
9. Führe die beiden gehefteten Kanten kreisförmig aufeinander zu und nähe sie mit schwarzem Nähgarn zusammen. Setze die Stiche ziemlich knapp an die Kanten, damit man die Stiche nachher nicht sieht. Vernähe die Fadenenden.

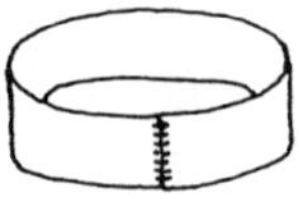

Literatur[38]

Bruhn, Wolfgang/Tilke, Max: Kostümgeschichte in Bildern. Eine Übersicht der Kostüme aller Zeiten und Völker vom Altertum bis zur Neuzeit einschließlich der Volkstrachten Europas und der Trachten der außereuropäischen Länder (Lizenzausgabe für Drei Lilien Verlag). Wiesbaden o. J. (2. Aufl. Tübingen 1973).

Fehlig, Ursula: Kostümkunde für die Berufsausbildung. Mode im Wandel der Zeit. Leipzig, 5. verb. Auflage. 1988.

Frey, Karl/Frey-Giling, Angela: Das Gruppenpuzzle. In: Praxis Schule 5–10 2 (1998), S. 67–69.

Höhn, Michael: Immer Ärger mit den Kids. Ratgeber Jugendkulturen. Köln 1995.

Holman Edelmann, Ama: Das kleine Schwarze. Ein Fotoband mit Texten. München 2000.

Janalik, Heinz/Schmidt, Doris: Kleidung, Körper, Körperlichkeit. Teil I: Lehren. Eine Seminardokumentation. Baltmannsweiler 1997.

Janalik, Heinz/Schmidt, Doris: Kleidung, Körper, Körperlichkeit. Teil II: Lernen. Eine Seminardokumentation. Baltmannsweiler 1998.

Journal des Luxus und der Moden. Kolorierte Kupfer aus Deutschlands erster Modezeitschrift. Ausgewählt und erläutert von Christina Kröll (Die biophilen Taschenbücher). Dortmund 1979.

Koch-Mertens, Wiebke: Der Mensch und seine Kleider. Teil 1: Die Kulturgeschichte der Mode im 20. Jahrhundert. Düsseldorf/Zürich 2000.

Krause, Gisela/Lenning, Gertrud: Kleine Kostümkunde. Berlin, 11. Aufl. 1995.

Loschek, Ingrid: Accessoires. Symbolik und Geschichte. München 1993.

Matzke, Peter/Seelinger, Tobias (Hrsg.): Gothic. Die Szene in Deutschland aus der Sicht der Macher. Berlin 2000.

O'Keefte, Linda: Schuhe. Eine Hommage an Sandalen, Slipper, Stöckelschuhe. Mit Fotografien von Andreas Bleckmann (Übersetzung aus dem Amerikanischen: Manfred Allié und Gabriele Kempf-Allié). München 1996.

Peacock, John: Kostüm und Mode – das Bildhandbuch: von den frühen Hochkulturen bis zur Gegenwart. (Aus dem Engl. übers. von Heike Rosbach und Diethardt H. Klein). Bern; Stuttgart; Wien, 2. Aufl. 1996.

Polhemus, Ted: Streetstyle. From sidewalk to catwalk. London 1995.

Racinet, Albert: Weltgeschichte der Kostüme. Das klassische Werk des 19. Jahrhunderts mit über 2000 Illustrationen (Einführung: Dr. Aileen Ribeiro). Köln 1995.

Scharm, Simone: Jugendliche in der Schwarzen Szene – ein fächerübergreifendes Thema in der Realschule. Mschr. Wiss. Hausarbeit. Heidelberg 1998.

Schmidt, Doris: Rollenspiele zum Lernbereich Kleidung/Mode (Klassen 7–9/10). Baltmannsweiler 1986.

Schmidt, Doris: Museum und Textilunterricht. In: Textilarbeit und Unterricht 64 (1993), Heft 4, S. 233–235.

Schmidt, Doris: Einführung in die Textildidaktik. Baltmannsweiler, 2. Aufl. 1994 (erstmals 1984).

Schmidt, Doris: Ansatz zu einem Fach Mode und Textil unter besonderer Berücksichtigung der Verbindung von „Theorie" und „Praxis". In: Textil: Wissenschaft, Forschung, Unterricht, 71 (2000), Heft 3, S. 113–116.

[38] Zu weiteren Literaturangaben s. Schmidt/Janalik 2000, S. 128ff.

Schmidt, Doris/Janalik, Heinz: Grufties: Jugendkultur in Schwarz. Baltmannsweiler 2000.

Stock, Manfred/Mühlberg, Philipp: Die Szene von Innen. Skinheads, Grufties, Heavy Metals, Punks. Berlin 1990.

Thiel, Erika: Geschichte des Kostüms. Die europäische Mode von den Anfängen bis zur Gegenwart. Wilhelmshaven, 5., stark erw. u. neu gestaltete Aufl. 1980.

Wolter, Gundula: Die Verpackung des männlichen Geschlechts. Eine illustrierte Kulturgeschichte der Hose. Marburg 1991.

Anhang

Branchenbuch

Columbus – Das Branchenbuch für die schwarze Szene. Pressebüro Jan Kühr, Postfach 110645, 46145 Oberhausen, Tel. 0208/6352529, Fax: 0208/6352528, e-mail: jan.kuehr@gmx.net

Clubs

JuZ Piranha, Käthe-Kollwitz-Str. 2–4, 68169 Mannheim

Kultruine Spirit e. V., Essenweinstr. 9, 76131 Karlsruhe, Tel. 0721/9663829

Schwimmbad Music Club, Tiergartenstr. 13, 69121 Heidelberg, Tel. 06221/470201

Filme

Auf Teufel komm raus. Ein Film[39] von Norbert Buse. NBVF Produktion im Auftrag des ZDF. ZDF 1991

Die Farbe Schwarz. Ein Film von Joachim Haupt. Mitarbeit: Sabine Pollmeier. NDR 1997

Macht und Magie der Farben. Ein Film von Uta von Borries. ZDF 1994

Mailorder

Alchemy Gothic. Aisling Gothic Store. Sternbuschweg 261, 47057 Duisburg, Tel. 0203/3634613

Xtra Undergroundfashion. Roggenweg 6, 89233 Burlafingen, Tel. 0731/712285, Fax: 0731/71 5209, www.x-tra.de, info@x-tra.de

Teufelsküche Independent Store, Shop Lingen. Rheiner Str. 33, 49809 Lingen, Tel./Fax: 0591/49886

Shops

Aisling Gothic Store. Sternbuschweg 261, 47057 Duisburg, Tel. 0203/3634613

Heidelbär's Castle. Der Mittelalter- u. Gothic-Laden, 69117 Heidelberg, Untere Str. 24

Magical Alcantagramm. Am Hauptbahnhof 10, 58089 Hagen, Tel. 02331/13789, Fax: 13953

Teufelsküche Shop Lingen, 49809 Lingen, Tel. 0591/49886, info@teufelsküche.de, www.teufelskueche.de

[39] Dieser Film wird möglicherweise bis zum Erscheinen dieses Buches in der Bildstelle Heidelberg ausleihbar sein.

Teufelsküche Shop Münster, Bahnhofstr. 6, 48143 Münster, Tel. 0251/5105851, www.teufelskueche.net info@teufelskueche.net

Teufelsküche Shop Oldenburg, Staulinie 16/17, 26122 Oldenburg, Tel. 0441/9250213

The Crypt. Gothic-Bekleidung. Vorstadtstr. 33, 66117 Saarbrücken, Tel. 0681/5891933, Internet: www.the-crypt.de

Xtra Undergroundfashion Shop Berlin, Schönhauser Allee 48, 10437 Berlin, Tel. 030/44024366

Xtra Undergroundfashion Shop Karlsruhe, Kaiserpassage 16, Laden 20, 1. OG, 76133 Karlsruhe, Tel. 0721/205062

Xtra Undergroundfashion Shop Ulm, Herdbruckerstr. 9, 89073 Ulm, Tel. 0731/6021812

Zeitschriften

Gothic. Magazin for Undergroundculture. A.M. Musik GmbH, Robert-Bosch-Str. 3, 71088 Holzgerlingen, Fax: 07031-605503

Legacy. The Voice from the dark side. Devil Inc. Publishing Legacy, Richard-Wagner-Str. 64, 66111 Saarbrücken, Fax: 0681/3907661, e-mail: redaktion@legacy666.de

Orkus. Musik-Magazin. IPV-Inland Presse Vertrieb GmbH, Postfach 103246, 20022 Hamburg, Fon: 040/23711-0, Fax: 040/23711-215

Sonic Seducer. Musik Magazin. Postfach 11 06 30, 46126 Oberhausen, Tel. 0208/69937-0, Fax: 0208/6993715, e-mail: info@sonic-seducer.de, Website: http://www.sonic-seducer.de

Zillo. Musik & Kultur. Georg-Ohm-Str. 5, 23617 Stockelsdorf, Tel. 0451/498650, Fax: 0451/4986510, e-mail: info@zillo.de, Website: http://www.zillo.de